作りおきで朝ラク!
きほんのお弁当

朝日新聞出版

みんなでワイワイ！ 毎日楽しい♪ お弁当生活

作りおきおかずでランチも

お弁当作りは本当に面倒…とうんざりしていませんか？
作りおきおかずを週末に作っておけば、毎朝、お弁当箱に詰めるだけでラク！
また、お弁当だけでなく、朝、夜の一品に、パーティーにも大活躍です！

ハニーナンプラーレモン
135kcal →P79

エスカベージュ
198kcal →P94

牛肉のバルサミコ炒め
225kcal →P84

パーティーも!!

じゃがいもと鮭の
グラタン
95kcal →P105

ズッキーニのピクルス
20kcal →P136

ブロッコリーと
卵のサラダ
152kcal →P113

みそマヨ卵
95kcal →P98

にんじんの明太子炒め
54kcal →P124

きほんのお弁当 ポイントLesson ①

お弁当作りは難しくありません！ おかずの組み合わせ方を覚えれば、あっという間にバランスの取れたお弁当の完成！ 作りおきのおかずなら、まとめて作って詰めるだけだから、簡単です！

おかずと主食のバランスをおぼえる

ふりかけ・漬け物など
白いごはんには、お好みのふりかけや漬け物を添えて。彩りと味のアクセントに。

メインおかずとサブおかずのバランスは **1：1**

主食とおかずのバランスは **1：1**

栄養バランスの整ったお弁当を作るには、おかずと主食の割合を覚えることが大切です。お弁当箱で考えると、主食とおかずは1：1の割合、おかずの中でも、メインおかずとサブおかずは1：1の割合と覚えます。主食のごはんは150gを基準とし、育ち盛りや男の人は200gでお弁当箱の半分ぐらい。メインおかず1品とサブおかずを2～3品詰めるのが理想的なバランスです。

MEMO

作りおきおかずは、お弁当だけでなく、朝・夜の一品にも！

お弁当用にたっぷり作った作りおきおかずは、朝食はもちろん、ランチや夜のおつまみにもなります。野菜たっぷりのサブおかずを数種類作っておけば、毎日の食事作りもラク！ 主菜を作るだけで、副菜は盛りつけるだけ、などができて本当に便利です。

❶ メインおかず1品

まずは、メインおかずを何にするかを考えます。肉、魚介、卵、豆・大豆製品などのたんぱく質のおかずの中から1つ選んでみましょう。メインおかずを3品ぐらい作りおいておくと、お弁当のバリエーションが広がります。

肉のおかず

魚介のおかず

卵のおかず

豆・大豆製品のおかず

+

❷ サブおかず2品

メインのおかずを決めたら、サブおかずを選びましょう。調理法が重ならないように、炒める、煮る、あえる、漬けるなどの調理法別のサブおかずを上手に選びましょう。赤、緑、黄、茶、白の色とりどりの野菜はお弁当を華やかにしてくれます。

炒める

煮る

ゆで野菜

ゆでブロッコリー

ゆで青菜

ゆでアスパラガス

あえる

漬ける

塩もみ野菜

塩もみキャベツ

塩もみきゅうり

+

❸ 主食1品

体のエネルギー源になる主食は、白いごはんの他、おにぎり、炒めごはん、麺料理、パスタ、パンなど、その時々に合わせて詰めましょう。白いごはんの場合は、ごま塩などのふりかけや漬け物などで彩りを添えましょう。

おにぎり

白ごはん

焼きそば

パスタ

パン

きほんのお弁当ポイントLesson ❷

毎日のお弁当作りは、マンネリになりがち。いつもの食材を使って、バリエーション豊富なおかずを作ってみましょう。調理法や味つけを変えるだけで、和・洋・中のお弁当もあっという間にできます。

同じ食材で広がる調理法と味のバリエーション

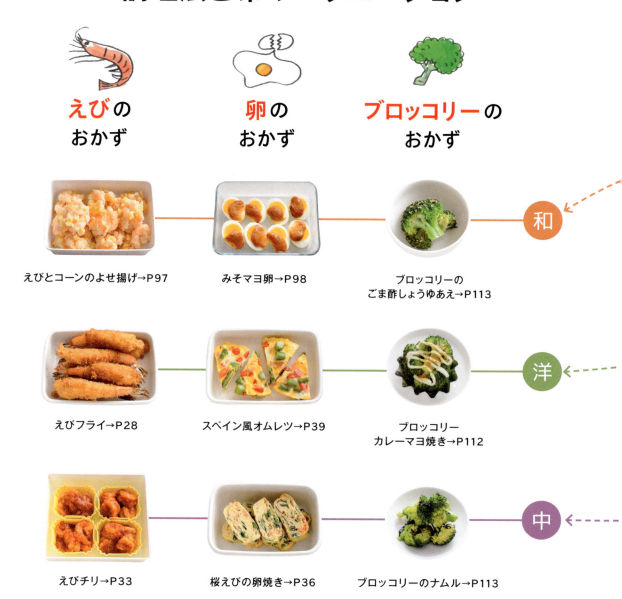

えびのおかず / **卵**のおかず / **ブロッコリー**のおかず

和
- えびとコーンのよせ揚げ→P97
- みそマヨ卵→P98
- ブロッコリーのごま酢しょうゆあえ→P113

洋
- えびフライ→P28
- スペイン風オムレツ→P39
- ブロッコリーカレーマヨ焼き→P112

中
- えびチリ→P33
- 桜えびの卵焼き→P36
- ブロッコリーのナムル→P113

たった3つの食材で和・洋・中弁当もラクラク!!

えび、卵、ブロッコリーと、お弁当には欠かせない食材で、和・洋・中のお弁当作りも簡単! 同じ食材でも調理法や味つけを工夫するだけでいいんです。作りおきおかずを作るときは、調理法や味つけの変化を意識するとさらにバリエーションが広がります。

和
- ブロッコリーのごま酢しょうゆあえ
- スペイン風オムレツ
- みそマヨ卵
- えびとコーンのよせ揚げ

洋
- えびフライ
- ブロッコリーカレーマヨ焼き

中
- 桜えびの卵焼き
- ブロッコリーのナムル
- えびチリ

お弁当組み合わせ一覧表

作りおきおかずを詰めるだけ！

この本で紹介しているお弁当の組み合わせ表。メインおかず、サブおかずの組み合わせの参考にしてください。毎日のお弁当作りに役立てましょう。

弁当	メインおかず	サブおかず ❶	サブおかず ❷	サブおかず ❸
鶏のから揚げ弁当 →P18	鶏のから揚げ→ P18	ブロッコリーのごま酢しょうゆあえ→ P113	にんじんの明太子炒め→ P124	
ハンバーグ弁当 →P20	ハンバーグ→ P20	かぼちゃサラダ→ P132	ズッキーニのピクルス→ P136	
豚のしょうが焼き弁当→P21	豚のしょうが焼き→ P21	和風ポテトサラダ→ P130	キャベツのしらすあえ→ P118	
チキン南蛮弁当 →P22	チキン南蛮→ P22	パプリカのオイスターソースあえ→ P131	かぼちゃの煮物→ P127	
ミートボール甘酢あん弁当→P23	ミートボール甘酢あん→ P23	ブロッコリーと卵のサラダ→ P113	れんこんカレーきんぴら→ P122	
牛すき焼き弁当 →P24	牛すき焼き→ P24	カリフラワーの桜えびあえ→ P131	蛇腹きゅうりのピリ辛漬け→ P135	
マカロニグラタン弁当→P25	マカロニグラタン→ P25	アスパラガスのクミンバター炒め→ P117	豆のマリネ→ P133	
肉じゃが弁当 →P26	肉じゃが→ P26	なすの揚げ漬け→ P134	きゅうりの梅あえ→ P121	
鶏の照り焼き弁当 →P26	鶏の照り焼き→ P26	しし唐のじゃこ炒め→ P124	ひじきとパプリカのピクルス→ P137	
アスパラガスの豚肉巻き弁当→P27	アスパラガスの豚肉巻き→ P27	カニかま卵焼き→ P101	たけのこおかか炒め→ P125	セロリのレモン漬け→ P136

肉弁当

作りおきで朝ラク!
きほんのお弁当
CONTENTS

- 2 みんなでワイワイ！毎日楽しい♪ お弁当生活
  作りおきおかずでランチもパーティーも!!
- 4 きほんのお弁当ポイントLesson①
  おかずと主食のバランスを覚える
- 6 きほんのお弁当ポイントLesson②
  同じ食材で広がる
  調理法と味のバリエーション
- 8 作りおきおかずを詰めるだけ！
  お弁当組み合わせ一覧表

Part1
人気のお弁当ベストおかずレシピ

肉のおかず
- 18 鶏のから揚げ弁当
- 20 ハンバーグ弁当
- 21 豚のしょうが焼き弁当
- 22 チキン南蛮弁当
- 23 ミートボール 甘酢あん弁当
- 24 牛すき焼き弁当
- 25 マカロニグラタン弁当
- 26 肉じゃが弁当／鶏の照り焼き弁当
- 27 アスパラガスの豚肉巻き弁当／ポークソテー弁当

魚介のおかず
- 28 えびフライ弁当
- 30 鮭の南蛮漬け弁当
- 31 さばの竜田揚げ弁当
- 32 めかじきステーキ弁当
- 33 えびチリ弁当
- 34 ぶりの照り焼き弁当／さわらの西京焼き弁当
- 35 鮭のみそ漬け弁当／ほたてバター弁当

卵・豆・大豆製品のおかず
- 36 桜えびの卵焼き弁当
- 38 三色そぼろ弁当
- 39 スペイン風オムレツ弁当
- 40 照り焼き豆腐つくね弁当
- 41 ポークビーンズ弁当
- 42 カニ玉弁当／五目豆弁当
- 43 卵巾着弁当／チリコンカン弁当

Part2 土日に作りおき！ラクラクお弁当1週間！

- 46 **PATTERN❶** 1週間のお弁当スケジュール
- 48 1週間の作りおきおかずPATTERN❶
- 49 **作ってみよう！メインおかず3品！**
  - 麻婆風ひき肉そぼろ
  - 鮭のカレー揚げ
  - 卵ピクルス
- 50 **作ってみよう！サブおかず4品！**
  - にんじんラペ クミン風味
  - キャベツマリネ
  - アスパラガスの揚げ漬け
  - 小松菜のオイル蒸し
- 51 Monday 鮭のカレー揚げ弁当
- 52 Tuesday 韓国風ビビンバ弁当
- 53 Wednesday 鮭のカレー揚げ 卵ピクルスのタルタル弁当
- 54 Thursday アスパラガスのそぼろあえ弁当
- 55 Friday 卵と鮭の混ぜ寿司風弁当

- 56 **PATTERN❷** 1週間のお弁当スケジュール
- 58 1週間の作りおきおかずPATTERN❷
- 59 **作ってみよう！メインおかず3品！**
  - さばそぼろ
  - 鶏ハム
  - えびオイル漬け
- 60 **作ってみよう！サブおかず5品！**
  - パプリカのマリネ
  - 塩ゆでいんげん
  - ブロッコリーナムル風
  - じゃがいも塩煮
  - きのこ佃煮
- 61 Monday さばそぼろ弁当
- 62 Tuesday えびといんげんの炒めごはん弁当
- 63 Wednesday 鶏ハムの梅だれ弁当
- 64 Thursday えびブロッコリー炒め弁当
- 65 Friday 鶏ハムとブロッコリーの甘酢あん弁当

Part3 作りおきで朝詰めるだけ！お弁当

男子も大満足！ボリューム弁当
- 68 スタミナ満点！プルコギ弁当
- 69 ガツン！と黒酢豚弁当
- 70 ピリ辛コチュジャン炒め弁当
- 71 がっつり！チャーシュー弁当
- 72 しっかり味の！鮭のザンギ弁当
- 73 コクうま！厚揚げの肉巻き弁当

74 主菜おかずの作りおきポイント

メインおかず 鶏肉
- 76 チキンロール／鶏のコチュジャン炒め
- 77 みそ漬け鶏ハム／チキントマト煮
- 78 鶏の梅煮／鶏のマスタード煮
- 79 ハニーナンプラーレモン／鶏のスイートチリソース煮

メインおかず 豚肉
- 80 黒酢豚／マーマレード照り焼き
- 81 豚肉のマヨマスタード焼き／オクラ梅の豚肉巻き
- 82 チャーシュー／ポークチャップ
- 83 豚みそ煮／中華風南蛮漬け

メインおかず 牛肉
- 84 牛肉のバルサミコ炒め／プルコギ風野菜炒め
- 85 牛肉と大根のわさび煮／肉巻きれんこん

メインおかず ひき肉
- 86 青じそつくね／ひき肉団子ケチャップ炒め
- 87 れんこんはさみ焼き／じゃがいものそぼろ煮

これでやせる！ダイエット弁当
- 88 あっさり！みそ漬け鶏ハム弁当
- 89 満足！タンドリーシーフード弁当
- 90 食べ応え満点！肉巻きゆで卵弁当
- 91 ヘルシー！牛肉と大根のわさび煮弁当
- 92 おなかスッキリ！うの花弁当
- 93 代謝アップ！オクラ梅の豚肉巻き弁当

メインおかず 切り身魚
- 94 さばのカレー焼き／エスカベージュ
- 95 たらの梅照り焼き／鮭のザンギ

メインおかず 魚介
- 96 いかと大根の煮物／たこじゃがバジル
- 97 タンドリーシーフード／えびとコーンのよせ揚げ

メインおかず 卵
- 98 みそマヨ卵／山椒卵
- 99 漬け卵／肉巻きゆで卵
- 100 のりクルクル卵／めんたい卵焼き
- 101 ツナねぎ卵焼き／カニかま卵焼き

メインおかず 豆・おから・豆腐
- 102 うの花／厚揚げの肉巻き
- 103 金時豆の甘煮／厚揚げのごまみそ煮

メインおかず 乳製品
- 104 ちくわチーズ焼き／ささみチーズの磯辺揚げ
- 105 チーズロールカツ／じゃがいもと鮭のグラタン

Column
- 106 スープジャーで作るほっこりスープレシピ
  レンズ豆スープ
- 107 春雨スープ／卵みそ汁
- 108 かぼちゃスープ／トマトペンネ
- 109 チーズリゾット／中華粥／鶏雑炊

- 110 **副菜おかずの作りおきポイント**

▎ベース野菜をアレンジ！

塩ゆでブロッコリー
- 112 ブロッコリーカレーマヨ焼き／
  ブロッコリーとオイルサーディンの炒め物
- 113 ブロッコリーくるみあえ／ブロッコリーのナムル／
  ブロッコリーと卵のサラダ／
  ブロッコリーのごま酢しょうゆあえ

塩ゆで青菜
- 114 青菜のオイスターソース炒め／
  青菜とサーモンのソテー
- 115 青菜のおひたし／青菜の卵あえ／
  青菜のわさびマヨあえ／青菜と油揚げのあえ物

塩ゆでグリーンアスパラガス
- 116 アスパラガスのじゃこ炒め／アスパラガスのごまあえ
- 117 アスパラガスのり佃煮あえ／
  アスパラガスのピリ辛みそ炒め／
  アスパラガスのハーブマリネ／
  アスパラガスのクミンバター炒め

塩もみキャベツ
- 118 キャベツ春雨サラダ／キャベツのしらすあえ
- 119 キャベツココット／ツナサラダ／
  キャベツ肉巻き／キャベツパスタサラダ

塩もみきゅうり
- 120 きゅうりの塩昆布あえ／きゅうりの山椒あえ
- 121 きゅうりの中華風あえ／きゅうりのしょうがあえ／
  きゅうりコチュジャンサラダ／きゅうりの梅あえ

サブおかず 炒める
- 122 きんぴらごぼう／れんこんカレーきんぴら／
  セロリのきんぴら
- 123 しらたききんぴら／さつまいものバターレモンきんぴら／
  エリンギとベーコンのバルサミコ炒め
- 124 にんじんの明太子炒め／しし唐のじゃこ炒め／
  里いものみそ炒め
- 125 玉ねぎ麺つゆ炒め／たけのこおかか炒め／
  じゃがいもとソーセージのオイスターソース炒め

サブおかず 煮る
- 126 手綱こんにゃく／切り干し大根の煮物／ひじき煮
- 127 大根の煮物／かぼちゃの煮物／いんげんツナ煮
- 128 じゃがいもの煮っころがし／高野豆腐の煮物／
  里いものしょうがみそ煮
- 129 ごぼうの黒酢煮／れんこんのゆずこしょう煮／
  長いもの梅煮

サブおかず あえる
- 130 和風ポテトサラダ／切り干し大根サラダ／
  えのきと刻み昆布のポン酢しょうが
- 131 にらと豆苗のごまマヨあえ／
  カリフラワーの桜えびあえ／
  パプリカのオイスターソースあえ
- 132 きのことささみのしょうがみそあえ／
  かぼちゃサラダ／いんげんとえびのサラダ
- 133 豆のマリネ／なすのバルサミコマリネ／
  焼き長ねぎのマリネ

サブおかず	漬ける

- 134 なすの揚げ漬け／きのこの揚げ漬け／かぼちゃの揚げ漬け
- 135 かぶの土佐酢漬け／ごぼうの山椒漬け／蛇腹きゅうりのピリ辛漬け
- 136 セロリのレモン漬け／にんじんのみそ漬け／ズッキーニのピクルス
- 137 ひじきとパプリカのピクルス／カリフラワーの甘酢漬け／きゅうりと香味野菜漬け

Column

- 138 お助け！レンチンおかず
- 142 0分でできる！詰めるだけすきま食材

パパッとおいしい！ワンディッシュ弁当

- 144 ガパオ風炒めごはん弁当
- 145 ボリューム満点！焼きそば弁当
- 146 野菜たっぷり！ナポリタン弁当
- 147 カフェ風ベーグルサンド弁当

148 主食のおいしい作り方

- 150 おにぎりのおいしい握り方を覚えよう！

主食	おにぎりカタログ

- 151 ツナみそマヨおにぎり／梅わかめおにぎり／青じそ＋ごま塩おにぎり／塩昆布＋ごまおにぎり
- 152 焼きたらこおにぎり／揚げ玉おにぎり／ザーサイ＆ハムおにぎり／じゃこ＆とろろ昆布おにぎり
- 153 鮭＆コーンおにぎり／高菜＆たらこおにぎり／おかかわさびおにぎり／かつお節＆チーズおにぎり

主食	炒めごはん

- 154 明太子炒めごはん／セロリ炒めごはん
- 155 ガパオ風炒めごはん／カレー炒めごはん

主食	ふりかけ

- 156 桜えび＋青のりふりかけ／煮干し＋刻みのりふりかけ／ごぼうチップ＋青のりふりかけ
- 157 大根の葉とじゃこふりかけ／わかめ＋ゆかりふりかけ／かつお節のしっとりふりかけ

主食	麺

- 158 焼きそば／塩昆布焼きそば
- 159 焼きカレーうどん／梅焼きうどん
- 160 ナポリタン／ツナきのこパスタ
- 161 冷やし中華／そうめん

主食	パン

- 162 卵サンド／ハムきゅうりチーズサンド
- 163 ツナサンド クミン風味／コンビーフサンド
- 164 マリネチキンのベーグルサンド／バゲットサンド
- 165 BLTサンド／のりチーズわさびのロールサンド

Column

- 166 運動会のお弁当
- 168 行楽のお弁当

Part4 作りおき お弁当作りのきほん

- 172 きほん❶ 傷みを防ぐお弁当作りのポイント
- 174 これで傷まない！お弁当の傷み防止8カ条
- 176 きほん❷ お弁当の詰め方をおぼえましょう
- 178 家族に喜ばれる！お弁当の美しい盛りつけ方
- 180 きほん❸ お弁当の組み合わせ術
- 181 きほん❹ カロリーダウンのコツ
- 182 きほん❺ お弁当作りに必要な調理道具＆保存容器
- 184 きほん❻ お弁当箱カタログ

186 INDEX

● この本の特徴と使い方 ●

1 みんなが大好きな人気のお弁当おかずが おいしく作れる詳しいプロセスつき！

ハンバーグや鶏のから揚げなど、みんなが大好きなお弁当のおかずをたっぷり紹介。定番のおかずだからこそ、プロセスでしっかりと工程をチェックしてみましょう。作りおきする際の保存のコツも詳しく解説します。

組み合わせのおかずのページもナビゲート！
保存期間と保存のコツを解説。
工程がひと目でわかる！

2 お弁当の組み合わせも、よりどりみどりの45パターン！

本書では、定番のおかずに組み合わせるサブおかずを紹介。また「男子」「ダイエット」「ワンディッシュ」など気になるテーマを設定し、そのテーマに合うおいしいおかずの組み合わせ例を45パターン紹介しています。

それぞれのおかずのポイントやコツを紹介！
おかずの組み合わせ方のコツを解説！

3 作りおきでもおいしい！メインおかず＆サブおかず＆主食を約250レシピ収録！

たっぷり作っておいしい、メイン＆サブおかず＆主食をなんと約250レシピ収録！ メインおかずは食材別、サブおかずは調理法別にし、検索しやすい構成にしています。週末にまとめて作る際のおかずを選ぶのがラクです。

メインおかずは、肉、魚、卵、豆・大豆製品、乳製品に分けて紹介。

サブおかずは、炒める、煮る、あえる、漬けるの調理法別。

4 2週間分の作りおきおかずのリアル実例集もわかりやすい！

実際に週末に買い物をして、作りおきおかずを作り、1週間のうちに使い回す例を2週間分紹介！ 実際にどのように組み合わせるのか、アレンジするのかをこの実例を見ながら、作りおき弁当生活のコツをつかめます。

買い物リストつき！
作りおきおかずのレシピは、メインとサブに分けて紹介。

月曜日から金曜日までの組み合わせ例＆アレンジレシピを紹介。

この本の決まり

- 材料は作りやすい分量を基本としています。メインおかず、サブおかずともに4～6人分基準にしています。ゆで野菜のアレンジレシピやごはん料理、スープジャー、レンチンおかずは1人分です。お弁当の詰め合わせ例のごはんは150g（252kcal）としています。食べる量により調整してください。
- エネルギーは1人分です。お弁当の詰め合わせ例は、ごはんを含む総カロリーを掲載しています。
- 計量単位は1カップ＝200㎖、大さじ1＝15㎖、小さじ1＝5㎖を基準にしています。
- 電子レンジは600Wを基準としています。500Wの場合は1.2倍、700Wの場合は0.8倍に加熱時間を設定しましょう。

Part 1

人気のお弁当ベストおかずレシピ

ハンバーグ、から揚げ、えびフライなど、
みんな大好きな定番のおかず。
お弁当ならではのおいしい作り方を詳しいプロセスで紹介します。
たくさん作りおきをして、家族が喜ぶお弁当作りをはじめましょう！

人気のお弁当 肉のおかず

衣はカリッと！中のお肉はふわっとジューシー！

鶏のから揚げ弁当

Total **609** kcal
＊漬け物は除く

材料（作りやすい分量）

鶏もも肉…400g
塩…小さじ¼
こしょう…少々

A ┌ しょうがの絞り汁…小さじ1
　├ しょうゆ…大さじ1
　├ みりん…大さじ1
　└ 酒…大さじ1

B ┌ 片栗粉…大さじ2
　└ 小麦粉…大さじ2

揚げ油…適量

保存のコツ

揚げ物は、保存する前に完全に冷ますことがポイント。アツアツのまま冷蔵庫に入れると、水滴が保存容器の蓋について傷む原因に。

★ 保存期間
冷蔵 3〜4日間
冷凍 2週間

作り方

切って下味をつける

1 鶏もも肉は一口大に切り、塩、こしょうをふり、軽くもむ。

Aに漬ける

2 Aを加えてもみ込む。

軽く汁けをきる

3 30分ほど漬けたら、余分な汁けを軽くきる。

粉を混ぜる

4 Bはあらかじめ合わせておき、3に加えて混ぜ合わせる。

揚げる

5 170℃に熱した揚げ油に4を入れ、2〜3分ほど加熱したら裏返し、全体がこんがり色づいたら揚げ網で引き上げ、油をきる。

ブロッコリーのごま酢しょうゆあえ 44kcal P113

鶏のから揚げ 259kcal

にんじんの明太子炒め 54kcal P124

ハンバーグ弁当

人気のお弁当 肉のおかず

ボリューム満点のハンバーグで大満足！

Total 660kcal
＊ふりかけは除く

かぼちゃサラダ 144kcal P132
ハンバーグ 244kcal
ズッキーニのピクルス 20kcal P136

材料（作りやすい分量）

- 玉ねぎ…¼個
- 合びき肉…300g
- 塩…小さじ¼
- こしょう…少々
- 溶き卵…小さめ1個分
- パン粉…大さじ4
- サラダ油…小さじ2
- 赤ワイン…大さじ3
- A ┌ トマトケチャップ…大さじ2
  │ ウスターソース…小さじ1
  │ 砂糖…小さじ1
  │ しょうゆ…小さじ1
  └ みそ…小さじ½
- 薄力粉…小さじ1

作り方

1. 玉ねぎはみじん切りにする。
2. ひき肉は塩、こしょうを加えてよく練る。粘りが出てきたら1、溶き卵、パン粉を加えてさらに練り合わせる。
3. 2を4〜8等分に分け、小判形にととのえる。表面は滑らかにし、中央に少しくぼみをつける。
4. フライパンでサラダ油を熱し、3を焼く。焼き色がついたら裏返し、さらに焼く。両面がこんがりと焼けたら蓋をして、弱火で5分ほど焼いて取り出す。
5. ソースを作る。フライパンに残った肉汁に赤ワインを加えてひと煮立ちさせ、Aを加える。薄力粉を茶こしなどでふるい入れてとろみをつける。
6. ハンバーグにソースをかけて保存容器に入れる。

★保存期間
冷蔵:3〜4日間
冷凍:2週間

保存のコツ
冷蔵保存のときは、ソースをかけたままで。冷凍保存するなら、ソースはかけない状態で。

2

3

豚のしょうが焼き弁当

粉をまぶして、味をしっかりからめて！

Total 588 kcal

キャベツのしらすあえ 25kcal P118

豚のしょうが焼き 223kcal

和風ポテトサラダ 88kcal P130

材料（作りやすい分量）

豚ロース薄切り肉（しょうが焼き用）…8枚
塩…少々
こしょう…少々
小麦粉…小さじ1

A ┌ しょうがの絞り汁…小さじ2
　├ しょうゆ…大さじ1½
　├ 酒…小さじ2
　├ みりん…小さじ2
　└ 砂糖…小さじ1

サラダ油…小さじ2

作り方

1 豚肉は筋を切り、塩、こしょうをふってから、茶こしなどで小麦粉をふって薄くまぶす。

2 フライパンでサラダ油を熱し、**1**を焼く。両面をこんがりと焼いたら**A**を加えて煮からめる（フライパンに広げられるだけの枚数ずつ焼く。焼けたら取り出し、全部焼いたらフライパンに戻し入れて**A**を加え煮からめるといい）。

★保存期間
冷蔵 3〜4日間
冷凍 2週間

保存のコツ
肉が取り出しやすいように重ねて保存容器に並べて。使う分だけお弁当箱へ。

POINT
小麦粉は茶こしを使ってまんべんなくふる。肉は焼いてから調味料をからめて。

人気のお弁当 肉のおかず

チキン南蛮弁当

タルタルソースで彩りも華やか！

Total 852 kcal

チキン南蛮 444kcal

パプリカのオイスターソースあえ 23kcal P131

かぼちゃの煮物 133kcal P127

材料（作りやすい分量）

鶏むね肉…2枚
塩・こしょう…各少々
小麦粉…大さじ2
揚げ油…適量

A [しょうゆ…大さじ2
酢…大さじ4
砂糖…大さじ2
赤唐辛子（種を取る）…1本]

タルタルソース＊…適量

＊ゆで卵2個、きゅうりのピクルス40gを粗めに刻み、マヨネーズ大さじ4、塩、こしょう各少々であえる。

作り方

1. 鶏肉は一口大に切り、塩、こしょうをふり、小麦粉を薄くまぶす。
2. 鍋にAを合わせてひと煮立ちさせる。
3. 1を170℃に熱した油で5〜7分ほど揚げる。
4. 3を保存容器に入れ、2をかける。お弁当箱に詰めたらタルタルソースをかける。

★保存期間
冷蔵 3〜4日間
冷凍 2週間
＊タルタルソースは除く

保存のコツ
保存するときは、漬け汁とともに。ときどき裏返すなどして、調味料をなじませて。

POINT
小麦粉をまぶしたら、余分な粉を落とすこと。じっくり揚げてアツアツのうちに漬け汁へ。

1

3

4

ミートボール 甘酢あん弁当

甘酸っぱい香りが食欲をそそる

Total **692** kcal
＊ふりかけは除く

ブロッコリーと卵のサラダ 152kcal P113

ミートボール 甘酢あん 226kcal

れんこんカレーきんぴら 62kcal P122

材料（作りやすい分量）

合びき肉…300g
玉ねぎ…¼個
塩…小さじ¼
こしょう…少々
小麦粉…大さじ2
揚げ油…適量

A ┌ 鶏ガラスープ…100㎖
　│ 酢…小さじ2
　│ しょうゆ…小さじ2
　│ 砂糖…小さじ1
　│ 赤唐辛子（小口切り）…ひとつまみ
　│ トマトケチャップ…小さじ2
　│ 酒…小さじ2
　└ 塩…少々

水溶き片栗粉…片栗粉小さじ2、水大さじ1
※一緒にさやいんげん4本、パプリカ¼個を素揚げして合わせてもいい。

作り方

1 玉ねぎはみじん切りにする。ひき肉はよく練る。粘りが出てきたら玉ねぎ、塩、こしょうを加えてさらに練り合わせる。

2 一口大に丸め、小麦粉をまぶす。170℃に熱した油で5分ほど揚げる。

3 鍋にAを合わせて煮立て、水溶き片栗粉を回し入れてとろみをつける。

4 2、3を合わせる。

★保存期間
冷蔵 3〜4日間
冷凍 2週間

保存のコツ
野菜と一緒に煮からめたおかずは、シリコンカップに小分けにして保存すると便利。

POINT
小麦粉をまんべんなくまぶして、カラッと揚げて。甘酢あんは合わせてから一気に加えてからめるのがコツ。

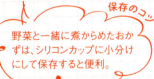

人気のお弁当 **肉のおかず**

牛すき焼き弁当
しっかり煮込んだ濃いめの味つけにごはんもすすむ

Total 574 kcal

蛇腹きゅうりのピリ辛漬け　52kcal　P135

カリフラワーの桜えびあえ　19kcal　P131

牛すき焼き　251kcal

材料（作りやすい分量）
- 牛薄切り肉…300g
- 長ねぎ…1本
- しめじ…1パック
- サラダ油…小さじ2
- A
  - 砂糖…大さじ1
  - しょうゆ…大さじ2
  - 酒…大さじ3

作り方
1. 長ねぎは斜め薄切りにし、しめじは石づきを切り落としてほぐす。
2. フライパンにサラダ油を中火で熱し、牛肉を炒め、色が変わったら取り出す。
3. 同じフライパンに長ねぎを入れてしんなりするまで炒める。さらにしめじを加えて炒め合わせ、牛肉を戻し入れ、**A**を加えて煮からめる。

※お弁当箱に詰める際（または食べる直前に）、お好みで温泉卵をのせてもいい。

★保存期間
冷蔵 3〜4日間
冷凍 2週間

保存のコツ
汁けのあるおかずは、ペーパータオルに少しおいて汁けをとり、カップに入れて保存を。

POINT
肉はかたくなるので、色が変わったら一度取り出すこと。調味料を加えたら、さっと煮からめて。

マカロニグラタン弁当

クリーミーなグラタンは寒い日にピッタリ

Total **691** kcal
＊ふりかけは除く

アスパラガスのクミンバター炒め 82kcal P117

豆のマリネ 101kcal P133

マカロニグラタン 256kcal

材料（作りやすい分量）

- 鶏もも肉…150g
- 玉ねぎ…½個
- マッシュルーム…6個
- バター…20g
- 小麦粉…大さじ2
- A [牛乳…150ml / 生クリーム…50ml]
- 塩…小さじ⅓
- こしょう…少々
- ピザ用チーズ…40g

作り方

1. 鶏肉は小さめの一口大に切り、塩、こしょう（分量外）をふる。
2. 玉ねぎ、マッシュルームは薄切りにする。
3. フライパンに鶏肉の皮目を下にして入れて焼く。途中裏返しながら中火で3分ほど焼き、取り出す。
4. 同じフライパンにバターを熱し、2を中火で炒める。玉ねぎがしんなりしたら鶏肉を戻し入れ、弱火にして小麦粉を3～4回に分けてふるい入れ、そのつどよく混ぜる。
5. Aを3～4回に分けて加え、そのつどよく混ぜて溶きのばす。
6. 塩、こしょうで味をととのえる。
7. アルミカップに6を入れ、チーズをのせる。

※オーブントースターなどで焼いてお弁当箱に詰める。

★保存期間
冷蔵 2～3日間
冷凍 2週間
＊焼く前の状態で

保存のコツ
アルミカップに入れ、チーズをのせた状態で保存。お弁当箱に入れるときに焼くこと。

4

7

人気のお弁当 肉のおかず

ごはんがすすむ和風おかず
肉じゃが弁当

なすの揚げ漬け 86kcal P134
きゅうりの梅あえ 40kcal P121
Total 637kcal
*たくあんは除く

材料（作りやすい分量）
じゃがいも…2〜3個（400g）　玉ねぎ…½個
しらたき…100g　絹さや…10枚
サラダ油…小さじ2　牛切り落とし肉…150g
A［しょうゆ…大さじ3　酒…大さじ2
　　みりん…大さじ2　砂糖…大さじ2］

作り方
1　じゃがいもは皮をむいて一口大に切る。玉ねぎはくし形に切る。絹さやは筋を取る。
2　しらたきはざく切りにし、熱湯で2分ほどゆでて水けをきる。
3　鍋にサラダ油を中火で熱し、玉ねぎ、じゃがいもを炒める。全体に油がなじんだら、水約400ml（分量外）をひたひたになるまで加える。
4　煮立ってきたら牛肉を広げながら加え、アクを取る。しらたきを加えてかき混ぜ、Aを加えて落とし蓋をし、中火で10分ほど煮る。じゃがいもに火が通ったら絹さやを加えて2分ほど煮詰める。

肉じゃが 259kcal

保存のコツ
汁けをよくきり、カップに入れて保存して。じゃがいものおかずは冷凍には不向き。

★保存期間
冷蔵 3〜4日間
冷凍 NG

甘いたれが肉厚の鶏肉によくからむ
鶏の照り焼き弁当

保存のコツ
照り焼きは切り分けずにそのまま保存。詰めるときに加熱してから切り分ける。

鶏の照り焼き 254kcal
Total 630kcal

材料（作りやすい分量）
鶏もも肉…2枚（400g）
塩…少々　サラダ油…小さじ1
A［しょうゆ…大さじ2
　　みりん…大さじ2
　　酒…大さじ2
　　砂糖…大さじ1］

★保存期間
冷蔵 3〜4日間
冷凍 2週間

ひじきとパプリカのピクルス 28kcal P137

作り方
1　鶏肉は皮目にフォークを刺して、塩をふる。
2　フライパンにサラダ油を熱し、1の皮目を下にして入れ、中火で5分ほど焼く。こんがりと焼き色がついたら裏返し、さらに5分ほど焼く。
3　余分な油をペーパータオルで拭き取り、Aを加えて煮からめる。フライパンをゆすりながら照りを出す。
※お弁当箱に詰める際に食べやすく切るといい。

POINT
味をからめる前に、余分な油をペーパータオルで拭き取る。

ごぼうチップ＋青のりふりかけ 44kcal P156
ししとうのじゃこ炒め 52kcal P124

- たけのこおかか炒め 31kcal P125
- セロリのレモン漬け 11kcal P136
- アスパラガスの豚肉巻き 145kcal
- カニかま卵焼き 92kcal P101

★保存期間
冷蔵 3〜4日間
冷凍 NG

シャキシャキのアスパラを巻いてヘルシー！
アスパラガスの豚肉巻き弁当

Total 531kcal
＊しば漬けは除く

材料（作りやすい分量）
グリーンアスパラガス…6本
豚ロース薄切り肉…9枚
塩…小さじ½　こしょう…少々
サラダ油…小さじ2

作り方
1 アスパラガスは筋やはかまを取り除き、3等分程度に切る。塩（分量外）を加えた熱湯で30秒ほどゆでて冷水にとり、水けを拭き取る。
2 豚肉は塩、こしょうをふる。1を2〜3本ずつのせて巻き、爪楊枝でとめる。
3 フライパンにサラダ油を中火で熱し、2を並べ入れて両面をこんがりと焼く。

保存のコツ：なるべく平らになるように、交互に入れて保存。爪楊枝は取り外してもOK。

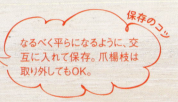

- わかめ＋ゆかりふりかけ 53kcal P157
- さつまいものバターレモンきんぴら 114kcal P123
- ポークソテー 323kcal
- アスパラガスのハーブマリネ 31kcal P117

保存のコツ：ポークソテーはしっかりと粗熱をとり、切り分けずに保存容器に並べて。

★保存期間
冷蔵 3〜4日間
冷凍 2週間

とんかつ用の豚肉でボリューム満点！
ポークソテー弁当

Total 773kcal

材料（作りやすい分量）
豚ロース肉（とんかつ用）…4枚
塩・こしょう…各少々　小麦粉…大さじ1
玉ねぎ…¼個　サラダ油…大さじ1
A ┃ 白ワイン…大さじ4
　 ┃ しょうゆ…大さじ1½
　 ┃ はちみつ…小さじ1

作り方
1 豚肉は筋を切り、フォークまたは包丁の先などで数か所刺しておく。塩、こしょうをふり、小麦粉を薄くまぶす。
2 玉ねぎはすりおろす。
3 フライパンにサラダ油を中火で熱し、1を3分ほど焼く。焼き色がついたら裏返し、さらに3分ほど同様に焼いて取り出す。
4 フライパンに残った油で2を1分ほど炒め、Aを加えてひと煮立ちさせる。豚肉を戻し入れてからめる。

※お弁当箱に詰める際、食べやすく切る。

人気のお弁当
魚介のおかず

みんなが喜ぶ存在感抜群の大きなえびフライ
えびフライ弁当

Total 788 kcal

材料（作りやすい分量）

えび…8尾
塩…小さじ¼
こしょう…少々
酒…少々
A ┌ 小麦粉…大さじ3
　├ 牛乳…大さじ2
　└ 溶き卵…1個分
パン粉…適量
揚げ油…適量
タルタルソース＊…適量

＊ゆで卵2個、きゅうりのピクルス40gを粗めに刻み、マヨネーズ大さじ4、塩、こしょう各少々であえる。

保存のコツ
えびフライは、揚げたら揚げ網の上にのせて、油をしっかりときり、粗熱を完全にとってから保存容器に入れて冷蔵or冷凍保存。

★保存期間
冷蔵 2〜3日間
冷凍 2週間

作り方

殻、背ワタを取り除く

1 えびは尾を残して殻をむき、背側を少し開いて背ワタを取り除く。

腹側に切り目を入れる

2 腹側に切り目を入れてまっすぐにととのえる。

下味をつける

3 2に塩、こしょう、酒をふる。

衣をつける

4 Aに3をくぐらせ、パン粉をまぶす。

揚げる

5 170℃に熱した揚げ油で揚げる。

キャベツ春雨サラダ 70kcal P118

えびフライ 352kcal

じゃがいもの煮っころがし 114kcal P128

人気のお弁当 魚介のおかず

鮭の南蛮漬け弁当

たっぷり野菜と酸味の効いた味つけで栄養満点

Total 551 kcal

にんじんのみそ漬け 65kcal P136

手綱こんにゃく 22kcal P126

鮭の南蛮漬け 212kcal

材料（作りやすい分量）

- 生鮭（切り身）…4切れ
- 塩・こしょう…各少々
- 小麦粉…大さじ1
- 玉ねぎ…¼個
- ピーマン…1個
- A
  - 酢…80㎖
  - だし汁…50㎖
  - しょうゆ…大さじ1
  - みりん…大さじ1
  - 砂糖…大さじ1
  - 塩…小さじ⅓
  - 赤唐辛子（種を取る）…1本
- 揚げ油…適量

作り方

1. 鮭は食べやすい大きさに切り、塩、こしょうをふり、小麦粉を薄くまぶす。
2. 玉ねぎは薄切り、ピーマンはヘタと種を取り除いて細切りにする。
3. 鍋にAを合わせてひと煮立ちさせる。
4. 1を170℃に熱した揚げ油で揚げ、保存容器に入れる。2をのせ、3を注ぐ。

★保存期間
冷蔵 3〜4日間
冷凍 NG

保存のコツ
保存容器に揚げた鮭を入れ、南蛮酢を注いで完全に冷めてから冷蔵庫へ。

POINT 鮭をカラッと揚げたら、アツアツのうちに南蛮酢を加えて漬け込むのがコツ。

さばの竜田揚げ弁当

ヘルシーな魚を使うから揚げ物でも重くならない！

Total **648** kcal
＊漬け物は除く

高野豆腐の煮物 93kcal P128

かぶの土佐酢漬け 33kcal P135

さばの竜田揚げ 270kcal

材料（作りやすい分量）

さば（半身）…2切れ（300g）
塩…少々
A ┌ しょうがの絞り汁…小さじ2
　├ しょうゆ…大さじ1
　└ みりん…大さじ1
片栗粉…大さじ2
揚げ油…適量

作り方

1. さばは2.5cm幅程度に切る。塩をふって10分ほどおき、水けを拭き取る。
2. 1をAに30分ほど漬ける。
3. 2の汁けを軽くきり、片栗粉をまぶす。170℃に熱した揚げ油でカラッと揚げる。

★保存期間
冷蔵 3〜4日間
冷凍 2週間
＊揚げずに冷凍

保存のコツ
揚げたら、揚げ網にのせて粗熱を完全にとること。保存容器に入れて冷蔵保存に。

下味はしっかりつけて、汁けをきってから粉をまぶすこと。

1

3

3

人気のお弁当 **魚介のおかず**

めかじきステーキ弁当

存在感ある肉厚のお魚のステーキ！

Total **647** kcal
＊ふりかけは除く

キャベツパスタサラダ 159kcal P119

めかじきステーキ 193kcal

エリンギとベーコンのバルサミコ炒め 43kcal P123

材料（作りやすい分量）

- めかじき（切り身）…4切れ
- 塩・こしょう…各少々
- 小麦粉…小さじ2
- にんにく…1片
- オリーブ油…小さじ2
- バター…5g
- A
  - しょうゆ…大さじ1
  - 白ワイン…大さじ2
  - はちみつ…小さじ1
  - 粒マスタード…小さじ1

作り方

1. めかじきは食べやすい大きさに切る。塩、こしょうをふり、小麦粉を薄くまぶし、余分な粉をはたく。
2. にんにくは半分に切る。
3. フライパンにオリーブ油、バター、2を入れて熱し、1を中火で焼く。両面をそれぞれ3分ほど焼き、中まで火を通す。余分な油をペーパータオルで拭き取り、Aを加えて煮からめる。

★保存期間
冷蔵 3〜4日間
冷凍 2週間

保存のコツ
味をからめたら、バットに移して粗熱をとること。お弁当箱に詰めるときは汁けをきって。

POINT 裏返すときは、ヘラと菜箸を使って。調味料を加える前は余分な油を拭き取る。

えびチリ弁当

みんなが大好きな中華料理の定番

Total 467 kcal

- 青菜のオイスターソース炒め 94kcal P114
- カリフラワーの甘酢漬け 36kcal P137
- えびチリ 85kcal

材料（作りやすい分量）

えび…200g
塩・こしょう…各少々
酒…小さじ1
長ねぎ…¼本
しょうが…1片
ごま油…小さじ2
豆板醤…小さじ½

A
- 鶏ガラスープの素（顆粒）…小さじ½
- 水…50㎖
- トマトケチャップ…大さじ1½
- 砂糖…小さじ1
- 酒…大さじ1
- しょうゆ…小さじ1

水溶き片栗粉
　…片栗粉小さじ2、水大さじ1

作り方

1. えびは殻をむいて背側を開き、背ワタを取り除き、塩、こしょう、酒をふる。
2. 長ねぎ、しょうがはみじん切りにする。
3. フライパンにごま油、2、豆板醤を入れて熱し、香りが出てきたら1を加えて中火で炒める。
4. Aを加えてひと煮立ちしたら、水溶き片栗粉を加えてとろみをつける。

★保存期間
冷蔵 3〜4日間
冷凍 2週間

保存のコツ
お弁当箱に詰めるときに崩れそうなものは、カップに入れて保存すると便利。

POINT とろみは強めにつけるのがお弁当のおかずのコツ。豆板醤はお好みで量を調節して。

3
4
4

人気のお弁当 魚介のおかず

こっくりとした照り焼きがごはんによく合う
ぶりの照り焼き弁当

きゅうりのしょうがあえ　40kcal　P121

切り干し大根サラダ　36kcal　P130

ぶりの照り焼き　315kcal

Total 643kcal
*たくあんは除く

材料（作りやすい分量）
ぶり（切り身）…4切れ　塩…小さじ1/3
小麦粉…小さじ2　サラダ油…小さじ2

A［しょうゆ…大さじ1½　酒…大さじ1½
　　みりん…大さじ1½　砂糖…小さじ2
　　しょうがの絞り汁…小さじ2］

作り方
1 ぶりは食べやすいように半分に切り、塩をふって30分ほどおく。
2 1を酒（分量外）で洗い、水けをしっかりと拭き取る。茶こしなどで小麦粉をふって薄くまぶす。
3 フライパンでサラダ油を熱し、盛り付けた際に表になる方から中火で焼く。片面につき2〜3分程度焼き、火が通ったら、余分な油をペーパータオルで拭き取ってから、合わせたAを加えて煮からめる。

POINT
たれを加える前は、必ず余分な油を拭き取ること。

保存のコツ
ぶりの照り焼きは、粗熱をとってから身がくずれないように保存容器に並べて。

★保存期間
冷蔵 3日間
冷凍 2週間

じっくり染みたみその風味が食欲をそそる
さわらの西京焼き弁当

青菜の卵あえ　58kcal　P115

さわらの西京焼き　195kcal

Total 690kcal
*漬け物は除く

材料（作りやすい分量）
さわら（切り身）…4切れ
塩…小さじ1/3

A［白みそ…100g
　　酒…大さじ1
　　みりん…大さじ1
　　砂糖…小さじ1］

作り方
1 さわらは食べやすいように半分に切り、塩をふって30分ほどおく。酒（分量外）をふって洗い、水けを拭き取る。
2 Aを混ぜ合わせ、半量をバットに塗り広げる。ペーパータオル（まはたガーゼ）をのせ、1を並べる。さらにペーパータオルをのせて、残りのAを塗り広げ、冷蔵庫で1日漬ける。
3 さわらを取り出し、グリルなどで焼く。

保存のコツ
さわらは西京漬けにしたまま保存し、当日焼いたほうが日持ちする。

★保存期間
冷蔵 4〜5日間
冷凍 2週間

2

きゅうりの塩昆布あえ　40kcal　P120　　金時豆の甘煮　145kcal　P103

- うの花 76kcal P102
- 鮭のみそ漬け 178kcal
- 青菜のおひたし 34kcal P115
- 山椒卵 68kcal P98

みそ漬けは保存性の高いおかず
鮭のみそ漬け弁当

Total 608 kcal

材料（作りやすい分量）
生鮭（切り身）…4切れ　塩…少々
A［みそ…大さじ4　酒…大さじ2
　　みりん…大さじ2　砂糖…大さじ1］

作り方
1. 鮭は食べやすい大きさに切り（または切らなくてもいい）、塩をふる。水分が出てきたら拭き取る。
2. Aを合わせ、保存容器に半量を広げる。ペーパータオルをのせて1を並べる。さらにペーパータオルをのせて残りのAを塗り広げる。そのままひと晩以上漬ける。

＊保存期間
冷蔵 3日間
冷凍 2週間

保存のコツ
みそ漬けの状態のまま、冷蔵庫または冷凍庫で保存がおすすめ。お弁当を作るときに焼くのがベスト。

- 青菜のわさびマヨあえ 94kcal P115
- ほたてバター 123kcal
- 焼き長ねぎのマリネ 34kcal P133
- 里いものしょうがみそ煮 54kcal P128

肉厚のほたてにバターの風味がベストマッチ！
ほたてバター弁当

Total 557 kcal
＊ふりかけは除く

材料（作りやすい分量）
生ほたて…12粒
A［しょうゆ…大さじ½
　　みりん…大さじ½　酒…小さじ½］
オリーブ油…小さじ2
バター…5g

作り方
1. フライパンにオリーブ油、バターを熱し、ほたてを両面焼く。
2. 合わせたAを加えてさっと煮からめる。

保存のコツ
さっと調味料を加えてからめたら、保存容器に移し粗熱をとる。そのまま保存を。

＊保存期間
冷蔵 3日間
冷凍 2週間

人気のお弁当 卵・豆・大豆製品のおかず

にらと桜えびが入って栄養バランス満点！

桜えびの卵焼き弁当

Total 498 kcal

材料（作りやすい分量）

にら…20g
卵…3個
桜えび…5g
A [だし汁…大さじ2
    しょうゆ…小さじ1
    みりん…小さじ1]
サラダ油…適量

保存のコツ
ふわふわの卵焼きは、焼きあがったらしばらくそのままおいて粗熱をしっかりとること。冷めたら切り分けて、保存容器に入れて。

★保存期間
冷蔵 3日間
冷凍 NG

作り方

にらを切る

1
にらは1cm幅に切る。

卵液を作る

2
卵を割りほぐし、1、桜えび、Aを加えて混ぜ合わせる。

卵液を流し入れる

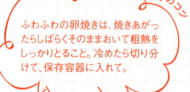

3
卵焼き器にサラダ油を薄くのばして中火で熱し、卵液を卵焼き器全体に流し入れる。

焼きあげる

4
表面が乾く前に向こう側から手前に巻き、奥にずらす。あいているところにサラダ油を塗り、卵を持ち上げ、下にもサラダ油を塗る。

5
卵液を流し入れて卵焼きの下にも流し入れ、火が通ってきたら、向こう側から手前に巻く。これを卵液がなくなるまで繰り返して焼きあげる。

パプリカのオイスターソースあえ 23kcal P131

桜えびの卵焼き 85kcal

キャベツ肉巻き 138kcal P119

人気のお弁当 **卵・豆・大豆製品のおかず**

三色そぼろ弁当

彩りもいい三色そぼろはお弁当に最適

Total **619** kcal

ごぼうの山椒漬け 32kcal P135

三色そぼろ 288kcal

青菜と油揚げのあえ物 47kcal P115

材料（作りやすい分量）

鶏ひき肉…350g

A
- しょうゆ…大さじ3
- みりん…大さじ3
- 砂糖…小さじ1
- 酒…大さじ1

卵…4個

B
- 塩…ひとつまみ
- 酒…大さじ1
- みりん…大さじ1

絹さや…10枚

作り方

1. 鍋（またはフライパン）にひき肉、Aを入れて中火にかけ、菜箸4本を使ってポロポロになるように炒る。
2. 別の鍋（またはフライパン）に溶いた卵、Bを入れ、やや弱めの中火にかけ、菜箸4本を使ってポロポロになるように炒る。
3. 絹さやは筋を取り除いて塩ゆでし、斜め切りにする（当日に作る）。

★保存期間
冷蔵 3〜4日間
冷凍 3週間

★保存期間
冷蔵 3〜4日間
冷凍 4週間

保存のコツ
そぼろはそれぞれ保存容器に入れて保存。使うときは、スプーンですくって。

POINT
そぼろを作るときは、菜箸4本を使って絶えず混ぜながら、水分を飛ばすのがコツ。

スペイン風オムレツ弁当

具だくさんの洋風卵焼きで
バランスアップ！

Total **424** kcal

なすのバルサミコマリネ　44kcal　P133

スペイン風オムレツ　100kcal

ブロッコリーカレーマヨ焼き　28kcal　P112

材料（作りやすい分量）

ベーコン…1枚
パプリカ（赤）…¼個
グリーンアスパラガス…2本
A ┌ 卵…3個
　│ カッテージチーズ
　│ 　…大さじ1
　│ 塩…小さじ¼
　└ こしょう…少々
オリーブ油…小さじ2
トマトケチャップ（好みで）
　…適宜

作り方

1 ベーコンは1cm幅に切る。パプリカはヘタと種を取り除いて1cm角に切り、アスパラガスは筋やはかまを取り除いて1cm幅に切る。

2 ボウルに**A**を混ぜ合わせる。

3 フライパンにオリーブ油（小さじ1）を中火で熱し、**1**を炒める。火が通ったら**2**に加え混ぜる。

4 同じフライパンにオリーブ油（小さじ1）を熱し、**3**を流し入れて混ぜる。卵が半熟状になったら、蓋をして弱火で焼きあげる。放射線状に8等分に切り分ける。好みでトマトケチャップなどをかけてもいい。

★保存期間
冷蔵 3日間
冷凍 NG

保存のコツ
スペイン風オムレツは、放射状に切り分けたらバットに交互に並べて冷蔵庫へ。

3

4

POINT
炒めた具材を卵液にそのまま加えて混ぜると簡単。フライパンに流し込んだら蓋をして。

人気のお弁当 **卵・豆・大豆製品のおかず**

照り焼き豆腐つくね弁当

ふわふわの食感がおいしいヘルシーつくね

Total **499** kcal

- えのきと刻み昆布のポン酢しょうが　22kcal　P130
- 照り焼き豆腐つくね　158kcal
- アスパラガスのじゃこ炒め　67kcal　P116

材料（作りやすい分量）

- 木綿豆腐…200g
- 長ねぎ…40g
- しょうが…1片
- 鶏ひき肉…200g
- 塩…小さじ1/3
- 片栗粉…小さじ1
- サラダ油…小さじ2
- A［しょうゆ…大さじ1
　　みりん…大さじ1］

作り方

1. 木綿豆腐は重しをしてしっかりと水けをきる。
2. 長ねぎ、しょうがはみじん切りにする。
3. 1、2、ひき肉、塩、片栗粉を練り合わせる。8等分に分けて円形にととのえる。
4. フライパンにサラダ油を中火で熱し、3を焼く。両面に焼き色がついたら蓋をし、弱火で3分ほど中まで火を通す。
5. Aを加えて煮からめる。

★保存期間
冷蔵：3日間
冷凍：2週間

保存のコツ
調味料を加えたら、全体にからめて保存容器に並べる。完全に冷めたら冷蔵庫または冷凍庫へ。

POINT つくねは形をととのえ、蒸し焼きをして中までしっかり火を通すこと。

3

4

5

ポークビーンズ弁当

トマトベースの甘みが豆とお肉にベストマッチ

Total **555** kcal
＊ふりかけは除く

いんげんとえびのサラダ 40kcal P132
かぼちゃの揚げ漬け 109kcal P134
ポークビーンズ 154kcal

材料（作りやすい分量）

大豆（水煮）…120g
豚肩ロース肉（ブロック）…120g
玉ねぎ…½個
トマト水煮缶…1カップ
ローリエ…1枚
A [トマトケチャップ…大さじ1
    塩…小さじ½
    こしょう…少々
    しょうゆ…小さじ1]
オリーブ油…小さじ2

作り方

1 豚肉は小さめの一口大に切る。玉ねぎは1.5cm角に切る。

2 フライパンにオリーブ油を中火で熱し、豚肉、玉ねぎの順に加えながら炒め合わせる。大豆、トマト、ローリエを加えて蓋をし、弱火で15分ほど煮る。

3 Aを順に入れて味をととのえる。

★保存期間
冷蔵 3〜4日間
冷凍 2週間

保存のコツ
煮込み料理はしっかりとろみをつけて。小分けにしてシリコンカップなどに入れて。

 POINT
しっかり炒めたあと、トマトを入れてよく煮込んで。仕上げにしょうゆを加えて。

2

2

3

人気のお弁当 卵・豆・大豆製品のおかず

お弁当用に食べやすいオムレツ風に

カニ玉弁当

*保存期間
冷蔵 3日間
冷凍 NG

保存のコツ
完全に冷めてから、切り分けて保存容器に並べて。

材料（作りやすい分量）
- 卵…5個
- カニ缶…小1缶（75g）
- 万能ねぎ（小口切り）…大さじ1
- A ┌ 鶏ガラスープの素（顆粒）…小さじ½
    └ 湯…大さじ1
- 塩…小さじ½　こしょう…少々
- ごま油…適量

作り方
1. 卵を割りほぐし、ほぐしたカニ、万能ねぎ、A、塩、こしょうを加えて混ぜ合わせる。
2. フライパンにごま油を中火で熱し、1を流し入れて混ぜる。卵が半熟状になったら、蓋をして弱火で焼きあげる。

POINT 2
このぐらい半熟状になったら、蓋をして焼き上げて。

- カニ玉　130kcal
- じゃがいもとソーセージのオイスターソース炒め　92kcal　P125
- きゅうりコチュジャンサラダ　56kcal　P121

Total 530kcal

栄養バランスもとれたヘルシー弁当

五目豆弁当

保存のコツ
お弁当箱に入れるおかずは、汁けをなるべく煮詰めて。シリコンカップに入れて保存。

材料（作りやすい分量）
- 大豆（水煮）…150g
- 鶏もも肉…100g
- ごぼう…100g
- しいたけ…2枚　にんじん…50g
- 絹さや…4枚　だし汁…300㎖
- しょうゆ…大さじ1½
- A ┌ みりん…大さじ1
    └ 砂糖…小さじ1

*保存期間
冷蔵 3〜4日間
冷凍 2週間

作り方
1. 鶏肉は小さめの一口大に切る。ごぼう、しいたけ、にんじんは1.5cm角に切る。
2. 絹さやは筋を取り除き、斜め1cm幅に切る。
3. 鍋にサラダ油を熱し、鶏肉、ごぼう、にんじん、しいたけの順に加えながら炒め合わせる。大豆、だし汁を加える。Aを加えて落とし蓋をし、中火で15分ほど煮汁が少なくなるまで煮る。2を加えて余熱で火を通す。

- ブロッコリーくるみあえ　167kcal　P113
- 里いものみそ炒め　71kcal　P124
- 五目豆　147kcal

Total 637kcal
＊ごま塩は除く

ひじき煮 54kcal P126
卵巾着 142kcal
青菜とサーモンのソテー 73kcal P114

安くできて食べ応えもあり
卵巾着弁当

Total 521 kcal
＊ふりかけは除く

材料（作りやすい分量）
油揚げ…2枚　卵…4個
A ┌ 麺つゆ（3倍濃縮）…大さじ3
　└ 水…300㎖

作り方
1 油揚げは半分に切って袋状に開く。熱湯を回しかけて油抜きする。
2 1に卵を割り入れ、爪楊枝で口を閉じる。
3 鍋にAを沸かし、2を入れる。落とし蓋をして弱火で10分ほど煮る。

保存のコツ
卵巾着が煮あがったら、そのまま汁ごと保存容器に入れて完全に冷まして冷蔵保存を。

＊保存期間
冷蔵 3〜4日間
冷凍 NG

キャベツココット 126kcal P119
ブロッコリーとオイルサーディンの炒め物 108kcal P112
チリコンカン 77kcal

アメリカの国民食でもあるスパイシーな一品
チリコンカン弁当

Total 563 kcal

材料（作りやすい分量）
合びき肉…80g　キドニービーンズ（水煮）…150g
玉ねぎ…¼個　トマト水煮缶…1カップ　クミン…小さじ1
チリパウダー…小さじ¼　塩…小さじ½
こしょう…少々　オリーブ油…小さじ2

作り方
1 玉ねぎはみじん切りにする。
2 フライパンにオリーブ油を中火で熱し、ひき肉、1を順に加えながら炒め合わせる。
3 キドニービーンズ、トマトを加える。時々混ぜながら、余分な水分を飛ばすように中火で5分ほど煮る。
4 クミン、チリパウダー、塩、こしょうで味つけする。

保存のコツ
ボロボロまとまらないおかずは、シリコンカップに入れて冷蔵or冷凍保存が便利。

＊保存期間
冷蔵 3〜4日間
冷凍 2週間

Part 2

土日に作りおき！ラクラク1週間！

週末に作った作りおきおかずを組み合わせるだけでお弁当の完成！
2週間分の使い方のシミュレーションをしながら、
ラクチンお弁当生活をはじめましょう！

PATTERN❶ 1週間！

Sat.＆Sun.
買い出し＆
作りおきおかずを作る→P48

Mon.
鮭のカレー揚げ弁当→P51

Tue.
韓国風ビビンバ弁当→P52

Wed.
鮭のカレー揚げ
卵ピクルスのタルタル弁当→P53

Thu.
アスパラガスの
そぼろあえ弁当→P54

Fri.
卵と鮭の混ぜ寿司風弁当→P55

PATTERN❷ 1週間！

Sat.＆Sun.
買い出し＆
作りおきおかずを作る→P58

Mon.
さばそぼろ弁当→P61

Tue.
えびといんげんの
炒めごはん弁当→P62

Wed.
鶏ハムの梅だれ弁当→P63

Thu.
えびブロッコリー炒め弁当→P64

Fri.
鶏ハムとブロッコリーの
甘酢あん弁当→P65

PATTERN ❶ 1週間！のお弁当スケジュール

	Sat&Sun	Mon	Tue
	買い出し＆作りおきおかずを作る！	**鮭のカレー揚げ弁当**	**韓国風ビビンバ弁当**
メインおかず 01	麻婆風ひき肉そぼろ →P49		2/5量 ごはんの上にのせる
メインおかず 02	鮭のカレー揚げ →P49	1/3量 そのまま詰める	
メインおかず 03	卵ピクルス →P49		
サブおかず 01	にんじんラペ クミン風味 →P50	2/5量 そのまま詰める	
サブおかず 02	キャベツマリネ →P50		1/3量 マヨネーズとあえる
サブおかず 03	アスパラガスの揚げ漬け →P50		1/3量 そのまま詰める
サブおかず 04	小松菜のオイル蒸し →P50	1/3量 そのまま詰める	1/3量 ごはんの上にのせる

まずは、土日で作るおかずを5日間でどうやって使い回すのか、じっくりチェックしてみましょう。
1週目は、鮭、ひき肉、卵をメインにした展開です。

Wed	Thu	Fri
鮭のカレー揚げ 卵ピクルスのタルタル弁当	アスパラガスの そぼろあえ弁当	卵と鮭の 混ぜ寿司風弁当

Wed	Thu	Fri	
	²⁄₅量 アスパラガスの揚げ漬けと混ぜ合わせる	¹⁄₅量 キャベツマリネと混ぜ合わせる	
¹⁄₃量 そのまま詰める		¹⁄₃量	ごはんに混ぜてお寿司に
1個 崩してマヨネーズとあえてタルタルソースに	1個 半分に切って詰める	1個	
²⁄₅量	¹⁄₅量		混ぜ合わせてサラダに
¹⁄₃量		¹⁄₃量	
	¹⁄₃量	¹⁄₃量 かつお節とマヨネーズであえる	小松菜のオイル蒸しと混ぜ合わせる
	¹⁄₃量		

1週間の 作りおきおかず

まずは1週間分の作りおきおかずに挑戦してみましょう。週末にまとめて買い出しするのがベスト。たんぱく質の食材を3種類、お野菜もたっぷり揃えて土日に作りおきスタートです！

買うものはこれだけ！

買い物リスト

合びき肉……300g
生鮭（切り身）……3切れ
卵……3個
にんじん……小さめ2本
キャベツ……¼個（300g）
グリーンアスパラガス……9本
小松菜……1束（200g）
長ねぎ……½本
しょうが……1片

買い物のコツ

買い出しは土日にまとめてが◎

そのつどの買い出しは、結構面倒なもの。週末にまとめて買い出しをし、そのまま作りおきおかずを作るとスムーズ。買ってきてから時間が経つと鮮度が落ちるのと同時に、モチベーションも下がるので、早めに取りかかりましょう。

作ってみよう！ メインおかず3品！

麻婆風の肉そぼろ、カレー揚げ、卵のピクルスと味のバリエーションも豊富。

*保存期間 冷蔵 4〜5日間 冷凍 2週間

776kcal
*全量あたり

メインおかず 01
ピリ辛そぼろはいろいろ使える万能おかず
麻婆風ひき肉そぼろ

材料（作りやすい分量）
合びき肉 300g、長ねぎ ½本
しょうが 1片、ごま油 小さじ1
赤唐辛子（小口切り）ひとつまみ
A［しょうゆ…小さじ2
　　砂糖…小さじ1
　　酒…小さじ2
　　みそ…小さじ2
　　塩・こしょう…各少々］

作り方
1 長ねぎ、しょうがはみじん切りにする。
2 フライパンにごま油、赤唐辛子を熱し、1を炒める。香りが出てきたら、合びき肉を加えて炒め合わせる。
3 Aを加えて味をととのえ、汁けを飛ばす。

*保存期間 冷蔵 4〜5日間 冷凍 2週間

851kcal
*全量あたり

メインおかず 02
カレーの風味が食欲をそそる
鮭のカレー揚げ

材料（作りやすい分量）
生鮭（切り身）…3切れ
酒…大さじ2
塩…小さじ½
こしょう…少々
A［小麦粉…大さじ2
　　カレー粉…小さじ1］
揚げ油…適量

作り方
1 鮭は食べやすいように2〜3等分に切る。酒をふってから塩、こしょうをふる。
2 1に合わせたAをまぶす。
3 170℃に熱した油で5分ほど揚げる。油をよくきり、粗熱がとれたら保存容器に入れる。

*保存期間 冷蔵 4〜5日間 冷凍 NG

236kcal
*全量あたり

メインおかず 03
酸味が効いた卵は満足感いっぱい
卵ピクルス

材料（作りやすい分量）
卵…3個
A［酢…100ml
　　水…50ml
　　砂糖…大さじ2
　　塩…小さじ1
　　粒こしょう…小さじ1
　　ローリエ…1枚］

作り方
1 卵は沸騰したお湯にそっと入れて、12分ほどゆでる。冷水にさらしてから殻をむき、保存容器に入れる。
2 Aは鍋でひと煮立ちさせ、1の保存容器に注ぐ。

MEMO
メインおかずは調理法が重ならないようにする

メインおかずを作るときのポイントは、揚げ物ばかり…というように調理法が重なると、油の使いすぎや味の面でも変化がつけにくくなります。炒めるもの、カラッと揚げるもの、ゆでて漬けるものというように、変化をつけるとバリエーションが広がります。

作ってみよう！ サブおかず4品！

にんじんのオレンジ、アスパラ、小松菜の緑、キャベツの緑と彩りのいい野菜を使って。

*保存期間 冷蔵 3〜4日間　冷凍 2週間

149kcal
＊全量あたり

サブおかず 01

クミンが味のアクセントに
にんじんラペ クミン風味

材料（作りやすい分量）
- にんじん…200g（小さめ2本）
- クミン…小さじ1/3
- 塩…小さじ1/3
- こしょう…少々
- オリーブ油…小さじ2
- レモン汁…小さじ1

作り方
1. にんじんは細切りにする。耐熱ボウルに入れ、クミンを加えラップをして電子レンジで2分加熱する。
2. 熱いうちに塩、こしょうを加えて混ぜ合わせ、粗熱がとれたらオリーブ油、レモン汁を加えて混ぜ合わせる。

*保存期間 冷蔵 4〜5日間　冷凍 2週間

144kcal
＊全量あたり

サブおかず 02

箸休めになるマリネもいろいろ使える！
キャベツマリネ

材料（作りやすい分量）
- キャベツ…300g
- 塩…小さじ1/2
- A［オリーブ油…小さじ2 / 酢…小さじ1 / こしょう…少々］

作り方
1. キャベツは5mm幅に切る。塩をふって軽くもみ、10分ほどおいて水けをしっかりと絞る。
2. Aを加えて混ぜ合わせる。

*保存期間 冷蔵 4〜5日間　冷凍 NG

138kcal
＊全量あたり

サブおかず 03

シャキシャキとした食感がおいしい
アスパラガスの揚げ漬け

材料（作りやすい分量）
- グリーンアスパラガス…9本
- A［だし汁…200ml / しょうゆ…大さじ2 / みりん…大さじ2 / 酢…小さじ1 / 砂糖…小さじ1 / 塩…ひとつまみ / 赤唐辛子…1本］
- 揚げ油…適量

作り方
1. アスパラガスは筋やはかまを取り除き、食べやすいよう3〜4等分に切る。
2. Aは鍋でひと煮立ちさせ、保存容器に入れて粗熱をとっておく。
3. 揚げ油を170℃に熱し、1のアスパラガスを1分ほど揚げる。熱いうちに、2に漬ける。

*保存期間 冷蔵 3〜4日間　冷凍 NG

84kcal
＊全量あたり

サブおかず 04

シャキシャキの蒸し炒め
小松菜のオイル蒸し

材料（作りやすい分量）
- 小松菜…200g
- ごま油…小さじ1 1/2
- 塩…小さじ1/3
- こしょう…少々
- 赤唐辛子（小口切り）…ひとつまみ

作り方
1. 小松菜は根元を切り落としてざく切りにし、厚手の鍋（またはフライパン）に入れる。
2. ごま油、塩、こしょう、赤唐辛子をふり入れ蓋をする。2分ほど強火にかけて火を止め、そのままおく。粗熱がとれたら蓋を開け、よく混ぜ合わせ、保存容器に移す。

作りおきおかず①

Monday 月

1日目はそのまま詰めるだけ！
鮭のカレー揚げ弁当

メインおかず 02	**鮭のカレー揚げ** 284kcal

＊鮭のカレー揚げ1/3量をそのまま詰める

サブおかず 01	**にんじんラペ クミン風味** 60kcal

＊にんじんラペ2/5量をそのまま詰める

サブおかず 04	**小松菜のオイル蒸し** 28kcal

＊小松菜のオイル蒸し1/3量をそのまま詰める

＋ たくあん

> **MEMO**
> 1日目はシンプルに
> 作りおきおかずを詰めるだけ
>
> 土日にまとめて作りおきしたおかずは、月曜日のお弁当にそのまま詰めましょう。朝から揚げ物は大変だけど、週末に作りおきしておけば詰めるだけだから本当に簡単。にんじん、小松菜、たくあんで彩りを添えて。

Total
624
kcal

＊たくあんは除く

Tuesday 火

作りおきおかず ❶

ごはんにいろいろのせて
韓国風ビビンバ弁当

> **MEMO**
> ちょい足し調味料などで
> お弁当に変化をつけて
>
> ごはんの上に、肉そぼろと小松菜をのせて、すりごまをかければビビンバ風に。キャベツマリネにマヨネーズを混ぜれば簡単にコールスローサラダに。作りおきおかずをベースにして＋αで変化をつけるのがポイントです。

ごはんにのせるだけでボリュームのある一品に
【ビビンバ風2色ごはん】 608kcal
メインおかず 01 麻婆風ひき肉そぼろ 310kcal
サブおかず 04 小松菜のオイル蒸し 28kcal

＊ごはん150gに刻みのり少々を散らして、麻婆風ひき肉そぼろ⅔量と小松菜のオイル蒸し⅓量をのせ、すりごまを少々かける。

揚げ漬けはコクがあって満足できる！
サブおかず 03 アスパラガスの揚げ漬け 46kcal

＊アスパラガスの揚げ漬け⅓量をそのまま詰める。

マヨネーズであえるだけでクリーミーなサラダに
【コールスローサラダ】 89kcal
サブおかず 02 キャベツマリネ 48kcal

＊キャベツマリネ⅓量にマヨネーズ小さじ1½を加えてあえる。

Total **743** kcal

Wednesday 水

作りおきおかず ❶

お弁当の中身にも変化が欲しい水曜日

鮭のカレー揚げ 卵ピクルスのタルタル弁当

カルシウム補給に♪
プロセスチーズ

タルタルソースと相性がよく、味わいを引き立てます

【鮭のカレー揚げ 卵ピクルスのタルタル】 443kcal

| メインおかず 02 | 鮭のカレー揚げ | 284kcal |
| メインおかず 03 | 卵ピクルス | 79kcal |

＊鮭カレー揚げ⅓量に卵ピクルス1個を崩してマヨネーズ大さじ1を加えて作ったタルタルソースをのせ、ドライパセリをふる。

シャキシャキの食感が楽しめます

【キャベツとにんじんのサラダ】 108kcal

| サブおかず 01 | にんじんラペ クミン風味 | 60kcal |
| サブおかず 02 | キャベツマリネ | 48kcal |

＊キャベツマリネ⅓量、にんじんラペ クミン風味⅔量を混ぜ合わせる。

Total 803 kcal
＊漬け物、プロセスチーズは除く

MEMO
卵のピクルスを刻んでタルタルソースも簡単

鮭のカレー揚げにもワンポイントを。卵のピクルスを崩してマヨネーズを混ぜたタルタルソースをトッピングして。また、サブおかず同士を組み合わせて、サラダを作るのも簡単。味がついているから混ぜ合わせるだけでOK。

作りおきおかず ❶

Thursday 木

疲れが見える木曜日こそしっかりメニューで

アスパラガスのそぼろあえ弁当

MEMO
残り少ないおかずを組み合わせて変化をつけて

サブおかず×サブおかず、メインおかず×サブおかずの組み合わせで、変化をつけて。ボリュームが足りなかったら、卵ピクルスをそのまま半分に切ってお弁当箱に詰めましょう。ワンポイントに漬け物やフルーツも添えて。

Total **745** kcal
＊フルーツ、好みの漬け物は除く

酵素＆ビタミン＆ミネラル補給に
好みのフルーツ

好みの漬け物

大きい卵ピクルスでボリュームUP
メインおかず 03 卵ピクルス 79kcal
＊卵ピクルス1個は半分に切って詰める。

緑黄色野菜の組み合わせは風邪予防にも最適
【にんじんと小松菜のあえ物風】 58kcal
サブおかず 01 にんじんラペ クミン風味 30kcal
サブおかず 04 小松菜のオイル蒸し 28kcal
＊にんじんラペ クミン風味1/3量と小松菜のオイル蒸し1/3量を混ぜ合わせる。

甘いそぼろがアスパラによくからんで美味
【アスパラガスのそぼろあえ】 356kcal
メインおかず 01 麻婆風ひき肉そぼろ 310kcal
サブおかず 03 アスパラガスの揚げ漬け 46kcal
＊麻婆風ひき肉そぼろ2/3量とアスパラガスの揚げ漬け1/3量を混ぜ合わせる。

54

作りおきおかず ❶

Friday 金

Total 901 kcal

作りおきを全部使い切る最終日のお弁当

卵と鮭の混ぜ寿司風弁当

ピクルス液をすし酢代わりに使う
アイデアメニュー
【卵と鮭の混ぜ寿司風】 615kcal
- メインおかず 02 鮭のカレー揚げ 284kcal
- メインおかず 03 卵ピクルス 79kcal

＊ごはん150gにピクルス液大さじ1を混ぜ、刻んだ卵ピクルス1個、ほぐした鮭のカレー揚げ1/3量、白いりごまをごはんに加えて混ぜる。刻みのりを散らす。

ごまとマヨネーズがまろやかな味に仕上げる副菜
【アスパラガスの揚げ漬けのごまマヨあえ】 80kcal
- サブおかず 03 アスパラガスの揚げ漬け 46kcal

＊アスパラガスの揚げ漬け1/3量を、かつお節2g、マヨネーズ小さじ1であえる。

MEMO
ピクルス液を
すし酢の代わりに使って

最後に残った鮭のカレー揚げと卵のピクルスは、崩してごはんに混ぜるだけでお寿司の完成。キャベツマリネには、麻婆風ひき肉そぼろを混ぜてボリュームアップ。アスパラガスの揚げ漬けもマヨネーズであえれば、味に変化がつきます。

彩りに添えて
ミニトマト1個
3kcal

そぼろであえるから食べ応えも◎
【キャベツとそぼろのあえ物】 203kcal
- メインおかず 01 麻婆風ひき肉そぼろ 155kcal
- サブおかず 02 キャベツマリネ 48kcal

＊キャベツマリネ1/3量に麻婆風ひき肉そぼろ1/3量をあえる。

PATTERN❷ 1週間！のお弁当スケジュール

	Sat&Sun	Mon	Tue
	買い出し & 作りおきおかずを作る！	**さばそぼろ弁当**	**えびといんげんの炒めごはん弁当**
メインおかず 01	さばそぼろ →P59	3/5量 ごはんにのせる	
メインおかず 02	鶏ハム →P59		
メインおかず 03	えびオイル漬け →P59		1/4量 炒めてしょうゆとオイスターソースで調味する
サブおかず 01	パプリカのマリネ →P60		
サブおかず 02	塩ゆでいんげん →P60	1/5量 斜め切りにしてごはんにのせる	2/5量
サブおかず 03	ブロッコリーナムル風 →P60		1/3量 そのまま詰める
サブおかず 04	じゃがいも塩煮 →P60	1/3量 そのまま詰める	1/3量 塩昆布とごま油であえる
サブおかず 05	きのこ佃煮 →P60	2/4量 そのまま詰める	

作りおきおかずのお弁当作りもだんだん慣れてくるころ。
2週目は、よりバリエーションが広がりそうな作りおきおかずに挑戦してみましょう。

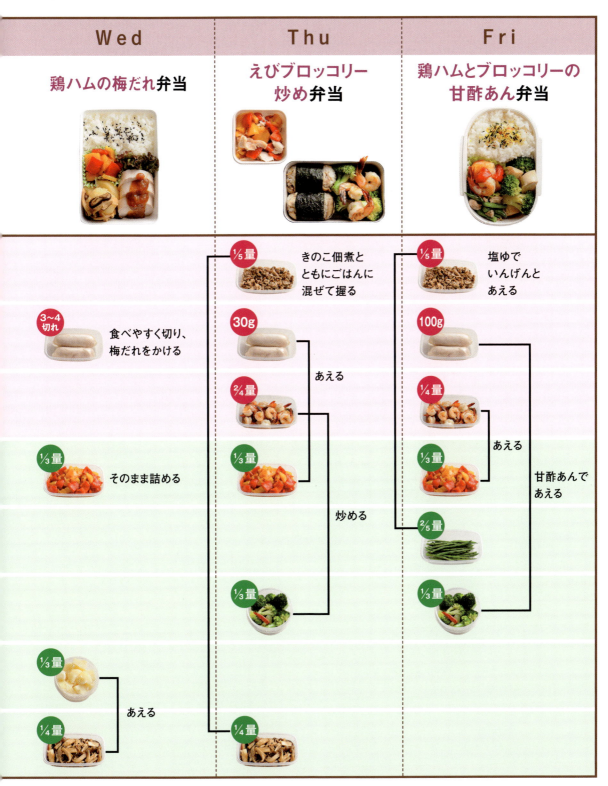

1週間の 作りおきおかず

鶏むね肉やさば、えびをメインにした作りおきおかずを土日で作りましょう。ブロッコリーやパプリカなどの野菜、きのこなどを使ってサブおかずを多めに。

買うものはこれだけ！

買い物リスト

さば（半身）……2枚（300g）
鶏むね肉……2枚
えび……200g
パプリカ……2個（300g）
さやいんげん……100g
ブロッコリー……1株（200g）
じゃがいも……300g
きのこ（しめじ・しいたけ・えのきだけ・エリンギなど）
　……200g
しょうが……1片

買い物のコツ

えびやさば、鶏むね肉は特売を狙って

えびは比較的高めですが、特売などを狙って買うとお得。さば、鶏むね肉は比較的安く手に入る食材。まとめて買って上手に作りおきに利用しましょう。ブロッコリーやパプリカ、いんげん、じゃがいも、きのこも多めに用意しておくといいでしょう。

作ってみよう！ メインおかず3品！

ちょっと目先を変えたそぼろや、簡単にできる鶏ハム、えびオイル漬けを作りましょう。

★保存期間 冷蔵 4～5日間　冷凍 2週間

854kcal ＊全量あたり

メインおかず 01
さばで作ったヘルシーそぼろ
さばそぼろ

材料（作りやすい分量）
- さば（半身）…2枚（300g）
- しょうが…1片
- サラダ油…小さじ2
- A
  - 酒…小さじ2
  - 砂糖…小さじ1½
  - しょうゆ…小さじ1
  - みそ…小さじ1½

作り方
1. さばはスプーンなどで身をこそげ取りほぐす。
2. しょうがはみじん切りにする。
3. フライパンにサラダ油、2を入れて熱し、1を加えて中火で炒める。火が通ったらAを加えて煮からめる。

★保存期間 冷蔵 4～5日間　冷凍 2週間

1043kcal ＊全量あたり

メインおかず 02
さっぱりとした鶏ハムは女子受けよし！
鶏ハム

材料（作りやすい分量）
- 鶏むね肉…2枚
- 塩…小さじ2
- 砂糖…小さじ1
- こしょう…少々
- ローリエ…2枚

作り方
1. 鶏肉は塩、砂糖、こしょうをすり込み、ローリエと合わせてポリ袋などに入れて半日～ひと晩おく。
2. 1のローリエは取り除く。鶏肉はさっと洗い水けを拭き、ラップを広げたところにのせる。端からクルクルと巻き、キャンディー状にギュッと包む。さらに2重3重にラップで包むか、アルミホイルで包む。
3. 厚手の鍋に2を入れる。かぶるくらいの水を加えて蓋をする。強火で熱し、沸騰したら弱火にして5分ほどゆで、火を止めてそのまま冷ます。

655kcal ＊全量あたり

メインおかず 03
レパートリーが広がる一品
えびオイル漬け

★保存期間 冷蔵 4～5日間　冷凍 2週間

材料（作りやすい分量）
- えび…200g
- 塩…小さじ⅓
- こしょう…少々
- 赤唐辛子（種を取る）…1本
- オリーブ油…100mℓ

作り方
1. えびは殻をむいてから背側を開いて背ワタを取り除き、塩、こしょうをふる。
2. フライパンに1、赤唐辛子を入れ、オリーブ油を注ぐ。中火にかけ、ふつふつとしてきたら火を止める。そのまま粗熱をとり、オイルごと保存容器に移す。

MEMO
多めに作ったおかずが余ったら、朝食やランチ、おつまみに

鶏ハムなどはまとめて作ったほうが便利。作りおきおかず全般に言えることですが、お弁当に使いきれなかったら、朝食やランチ、おつまみなどで食べ切りましょう。一皿に何種類も盛り合わせるだけで、栄養バランスのとれたプレートになります。

作ってみよう！ サブおかず5品！

マリネやナムル、佃煮など日持ちするおかずのほかに、ゆで野菜、煮野菜も用意を。

★保存期間
冷蔵 4〜5日間
冷凍 2週間

161kcal
*全量あたり

サブおかず 01
焼いて甘みを引き出す！
パプリカのマリネ

材料（作りやすい分量）
パプリカ（赤・黄）…300g
（大きめのもの各色1個ずつ）
A［ オリーブ油 小さじ2、塩 小さじ¼
　　こしょう 少々、レモン汁 小さじ½ ］

作り方
1. パプリカは縦半分に切り、ヘタと種を取り除く。
2. 魚焼きグリルやオーブントースターなどで焦げるまで焼く。薄皮をむき、2cm角程度に切り、Aを加えてあえる。

★保存期間
冷蔵 4〜5日間
冷凍 2週間

23kcal
*全量あたり

サブおかず 02
シンプルな調理法でよりおいしい！
塩ゆでいんげん

材料（作りやすい分量）
さやいんげん…100g

作り方
1. いんげんは筋を取り、ヘタを切り落とす。まな板に並べて塩小さじ½程度（分量外）をふり、板ずりする。
2. 鍋に湯を沸かし、1を塩がついたまま2分ほどゆで、冷水にとる。水けをしっかりきり、保存容器に入れる。

★保存期間
冷蔵 4〜5日間
冷凍 2週間

142kcal
*全量あたり

サブおかず 03
あえるだけの簡単おかず
ブロッコリーナムル風

材料（作りやすい分量）
ブロッコリー…1株（200g）
A［ ごま油 小さじ2、塩・こしょう 各少々
　　赤唐辛子（種を取る）1本 ］

作り方
1. ブロッコリーは小房に分ける。大きいものは半分に切る。
2. 鍋に湯1ℓを沸かし、塩小さじ2（分量外）を加えて1を1分30秒〜2分ほどゆでる。ザルにあげて水けをきり、ペーパータオルなどに房を下にして並べて粗熱をとる。
3. 2をAであえる。

★保存期間
冷蔵 3〜4日間
冷凍 NG

228kcal
*全量あたり

サブおかず 04
ほくほくのじゃがいもの甘みが引き立つ
じゃがいも塩煮

材料（作りやすい分量）
じゃがいも…300g　塩…小さじ⅓

作り方
1. じゃがいもは皮をむき、一口大に切る。
2. 鍋に1、塩を入れ、ひたひたの水200mℓを注ぐ。強火にかけ、煮立ったら弱火で15分ほど、煮汁が少なくなるまで煮る。

★保存期間
冷蔵 4〜5日間
冷凍 2週間

125kcal
*全量あたり

サブおかず 05
食物繊維たっぷりの常備菜
きのこ佃煮

材料（作りやすい分量）
しめじ、しいたけ、えのきだけ、エリンギなど好みのきのこ…（合わせて）200g
A［ 酒 大さじ1、しょうゆ 大さじ1
　　みりん 大さじ1、砂糖 小さじ1 ］

作り方
1. きのこは食べやすくほぐしたり薄切りにする。
2. 鍋に1、Aを入れて中火にかけ、煮汁が少なくなるまで煮る。

MEMO
サブおかずは彩りを考えて用意する

4〜5種類のサブおかずを用意するなら、赤、黄、緑、茶、白を意識しながら、食材を選んで。味つけも重ならないように作るのもポイント。また、なるべくシンプルな味つけにするとアレンジしやすくなります。

Monday 月

作りおきおかず❷

週末の食べすぎをリセット！
さばそぼろ弁当

| メインおかず 01 | **さばそぼろ** 513kcal |
*ごはん150gにさばそぼろ⅗量をのせる。

| サブおかず 02 | **塩ゆでいんげん** 5kcal |
*彩りに斜め切りにした塩ゆでいんげん⅙量をごはんにのせる。

| サブおかず 04 | **じゃがいも塩煮** 76kcal |
*じゃがいも塩煮⅓量をそのまま詰める。

| サブおかず 05 | **きのこ佃煮** 63kcal |
*きのこ佃煮⅔量をそのまま詰める。

MEMO
作りおきおかずを詰めるだけのヘルシー弁当

ごはんの上にさばそぼろと塩ゆでいんげんをのせ、じゃがいもの塩煮ときのこ佃煮を詰めるだけのヘルシー弁当。週末に食べ過ぎたときにおすすめです。じゃがいも塩煮だけでは物足りないときは、マヨネーズなどであえてもOK。

Total 909 kcal

作りおきおかず❷

Tuesday 火

具だくさんの炒めごはんをメインに

えびといんげんの炒めごはん弁当

Total 766 kcal

> **MEMO**
> 作りおきおかずを炒めごはんの具材にして
>
> 作りおきおかずはすべて火が通っているので、ごはんと炒め合わせてもスピーディー。あとは調味料を加えて仕上げるだけ。お弁当箱に詰めたら、あとはボリュームを出すためにブロッコリーとじゃがいもを添えて。

詰めるだけでボリュームアップ！
サブおかず 03 ブロッコリーナムル風　47kcal
＊ブロッコリーナムル風1/3量をそのまま詰める。

塩昆布であえるだけでコクが増します
【じゃがいもの塩昆布あえ】　98kcal
サブおかず 04 じゃがいも塩煮　76kcal
＊じゃがいも塩煮1/3量を塩昆布ひとつまみ、ごま油小さじ1/2であえる。

ゴロッと入った具がおいしい炒めごはん
【えびといんげんの炒めごはん】　621kcal
メインおかず 03 えびオイル漬け　164kcal
サブおかず 02 塩ゆでいんげん　9kcal

＊ごはん200g、えびオイル漬け1/4量、塩ゆでいんげん3/5量をごま油で炒め合わせ、しょうゆ・オイスターソース各小さじ1/3、塩、こしょう各少々で味をととのえる。お好みで目玉焼きをのせる。

Wednesday 水

作りおきおかず❷

もうひとがんばりしたい水曜日に
梅のクエン酸補給を！
鶏ハムの梅だれ弁当

MEMO
梅だれなどを用意して
バリエーションを広げて

鶏ハムを切り分けて詰めるだけでなく、梅だれなどを添えるだけで、味にメリハリがつきます。また、蒸し暑い時期には特に梅だれのような酸味は食中毒予防にもなる上、梅のクエン酸効果で疲労回復にも効果的。

彩りを添えるなら
サブおかず01 パプリカのマリネ 54kcal
＊パプリカのマリネ1/3量をそのまま詰める。

Total **624** kcal
＊ごま塩は除く

作りおきおかずを合わせるだけの一品
【じゃがいもときのこのあえ物】 107kcal
サブおかず04 じゃがいも塩煮 76kcal
サブおかず05 きのこ佃煮 31kcal
＊じゃがいも塩煮1/3量、きのこ佃煮1/4量をあえる。

梅の酸味が鶏ハムにベストマッチ
【鶏ハムの梅だれ】 211kcal
メインおかず02 鶏ハム 174kcal
＊食べやすく切った鶏ハム3〜4切れに梅肉小さじ1、しょうゆ小さじ1/2、砂糖小さじ1/2、ごま油小さじ1/2を合わせたたれをかける。

63

Thursday 木

作りおきおかず②

食べやすいおにぎりを詰めて
えびブロッコリー炒め弁当

Total 946 kcal

> **MEMO**
> さばそぼろをごはんに混ぜておにぎりに
>
> さばそぼろはごはんにのせるだけでなく、混ぜてもおいしい。きのこ佃煮と一緒にごはんに混ぜて小さめに握ってお弁当箱に詰めて。他にはメインおかず×サブおかずをいろいろ組み合わせてバリエーションを広げて。

マリネの酸味が肉厚の鶏とよく合う
【パプリカのマリネと鶏ハムのあえ物】 117kcal

| メインおかず 02 | 鶏ハム | 63kcal |
| サブおかず 01 | パプリカのマリネ | 54kcal |

＊パプリカマリネ1/3量、ほぐした鶏ハム30gとあえる。

混ぜごはん風のおにぎりが食欲をそそる
【さばそぼろときのこ佃煮のおにぎり】 454kcal

| メインおかず 01 | さばそぼろ | 171kcal |
| サブおかず 05 | きのこ佃煮 | 31kcal |

＊さばそぼろ1/6量、きのこ佃煮1/4量、ごはん150gに加えて混ぜ合わせ、おにぎりを握る。

えびとブロッコリーは相性抜群
【えびブロッコリー炒め】 375kcal

| メインおかず 03 | えびオイル漬け | 328kcal |
| サブおかず 03 | ブロッコリーナムル風 | 47kcal |

＊えびオイル漬け2/3量、ブロッコリーナムル風1/3量をフライパンでさっと炒める。

作りおきおかず❷

Friday 金

今週最後のお弁当は彩りも華やかに

鶏ハムとブロッコリーの甘酢あん弁当

Total
927 kcal
＊ふりかけは除く

MEMO
サブおかずをふんだんに取り入れてにぎやかに

週末のお弁当は、残りのおかずを組み合わせて作るのがポイント。えび×パプリカ、鶏ハム×ブロッコリー、さばそぼろ×さやいんげんで味の工夫を。鶏ハム×ブロッコリーは甘酢あんでからめて味にも変化をつけます。

酸味の効いたマリネは箸休めに最適
【えびとパプリカあえ】 218kcal
- メインおかず 03 えびオイル漬け **164kcal**
- サブおかず 01 パプリカのマリネ **54kcal**

＊えびオイル漬け¼量、パプリカのマリネ⅓量をあえる。

さばそぼろがよくからんでシャキシャキさやいんげんがおいしい
【いんげんとさばのあえ物】 180kcal
- メインおかず 01 さばそぼろ **171kcal**
- サブおかず 02 塩ゆでいんげん **9kcal**

＊塩ゆでいんげん⅖量とさばそぼろ⅕量をあえる。

甘酸っぱいあんにからめるからさっぱりでおいしい
【鶏ハムとブロッコリーの甘酢あん】 277kcal
- メインおかず 02 鶏ハム **209kcal**
- サブおかず 03 ブロッコリーナムル風 **47kcal**

＊鶏ハム100g、ブロッコリーナムル風⅓量を甘酢あんであえる。

●甘酢あんの作り方
鶏ガラスープ50㎖、酢小さじ1、しょうゆ小さじ1、砂糖小さじ½、塩少々を合わせて煮立て、片栗粉小さじ1を水小さじ2で溶いたものを回し入れてとろみをつける。

Part 3

作りおきで朝詰めるだけ！お弁当

作りおき弁当は、メインのおかずとサブのおかずを選んで、
組み合わせるだけだから、本当に簡単！
メインのおかずは食材別、
サブのおかずは調理法別にしてあるから組み合わせもラク！

＼ 好きなおかずを詰めるだけ！ ／

メインのおかずを１品

サブのおかずを２〜３品

主食を１品

男子も大満足！ボリューム弁当＊1

スタミナ満点！プルコギ弁当

男子ならではの韓国風焼き肉がっつり弁当も作りおきでラクラク。
しっかり味のおかずを多めに、さっぱりしたきゅうりの山椒あえを添えるとバランスがよくなります。

Total
730 kcal
＊ごま塩は除く

きのこの揚げ漬け
118kcal →P134
きのこを一度揚げてから漬けているから、しっかりとコクのある味。ごはんがすすむ常備菜です。

きゅうりの山椒あえ
36kcal →P120
ピリリと感じる山椒が大人の味。詰めるときは、水けをよくきってからカップに入れましょう。

ごはん 200g
336kcal

プルコギ風野菜炒め
240kcal →P84
プルコギはにんにく、コチュジャンなどが効いたコックリ味。詰めるときはしっかりと汁けをきってから。

こってり味のおかずにはさっぱりとしたサブおかずを

プルコギ、きのこの揚げ漬けはしっかりとしたコクのある味。それだけだと味が濃いので、さっぱり味のきゅうりの副菜を添えて。ほかにも、濃い味を中和してくれる酸味のあるマリネや漬け物、ゆで野菜もおすすめ。

男子も大満足！ボリューム弁当＊2

ガツン！と黒酢豚弁当

しっかりと食べ応えのある黒酢を使った酢豚をメインにした男子弁当。サブおかずを2種類入れて野菜を補給。もう少しボリュームが欲しいときは、ちくわのチーズ焼きをプラスして。

Total 633 kcal

ごはん 200g のり 3枚 338kcal

にんじんのみそ漬け 65kcal →P136
みそ漬けは歯応えもよく、濃い味がごはんにピッタリ。直接ごはんの上にのせても。

ツナサラダ 30kcal →P119
塩もみキャベツにツナをあえただけの簡単サラダ。詰めるときは、汁けをよくきって。

ちくわチーズ焼き 56kcal →P104
ちくわは常備しておくと、お弁当のおかずに便利。チーズをのせて焼くだけだから、本当に簡単。

黒酢豚 144kcal →P80
ヒレ肉で作っているから、やわらかくてヘルシー。カロリーはあまり気にしなくてもいい肉おかず。

組み合わせポイント
男子弁当はたんぱく質のおかずを多めに、野菜もしっかりがポイント

お弁当の組み合わせの基本は、たんぱく質と野菜が同じぐらいの割合。男子のお弁当の場合は、体をつくるたんぱく質のおかずを多めに詰めましょう。サブおかずも色の濃い野菜と淡い野菜を組み合わせると栄養バランスもととのいます。

作りおきで朝詰めるだけ！お弁当

男子も大満足！ボリューム弁当＊3

ピリ辛コチュジャン炒め弁当

働き盛りのお父さんや中高生の男子は、ピリ辛のおかずも好まれます。コチュジャンの辛みを効かせたおかずなので、組み合わせるサブおかずはマイルドな味のものにして。

Total
799 kcal

ごはん 200g
336 kcal

鶏のコチュジャン炒め
335 kcal →P76
コチュジャンの量は好みで調節を。鶏肉はもも肉でもむね肉でもOK。

ブロッコリーのナムル
40 kcal →P113
ほんのりと効いた一味唐辛子がおいしいサブおかず。汁けはしっかりとってから詰めて。

和風ポテトサラダ
88 kcal →P130
すりごまと青のりが入ったポテサラは大人の味。いつものポテトサラダにしてもOK。

組み合わせポイント
ピリ辛のおかずには辛さがやわらぐポテサラを
コチュジャン炒めのようなピリ辛おかずには、マイルドな味の副菜を添えましょう。ブロッコリーのナムルやマイルドな和風ポテトサラダはベストな組み合わせ。おかずがしっかり味のときは、ごはんにはふりかけはなくてOK。

男子も大満足！ボリューム弁当＊4

がっつり！チャーシュー弁当

しっかりと食べ応えのチャーシューをメインにしたお弁当です。サブおかずには歯ごたえがある野菜を選んで。白ごはんの上には梅干しをのせて食欲を増進させます。

Total
765
kcal

ごはん 200g
梅干し 1個
338kcal

チャーシュー 322kcal →P82
チャーシューの漬けだれはお好みで切り口にからめてもOK。下にはレタスを敷いて彩りよく。

れんこんカレーきんぴら
62kcal →P122
サクサクとした歯ごたえがおいしいれんこんきんぴら。カレー味がポイント。

アスパラガスのピリ辛みそ炒め
43kcal →P117
こってりとコクのある甘みそをラー油で炒めたゆでアスパラガスにからめて。全体の味のアクセントに。

 組み合わせポイント

がっつり肉がメインのときは野菜のおかずも添えて

男子弁当だからといえ、がっつり肉とごはんだけでは栄養バランスがとれません。緑黄色野菜のアスパラガスと淡色野菜のれんこんのおかずを組み合わせれば、バランス満点！チャーシューの下に敷くレタスも一緒に食べるとベストです。

作りおきで朝詰めるだけ！お弁当

男子も大満足！ ボリューム弁当 *5

しっかり味の！鮭のザンギ弁当

魚がメインのボリューム弁当。ザンギとは、北海道のから揚げのこと。にんにく風味のパンチのある味です。卵焼き、切り干し大根、にらのごまマヨあえとバランスよく詰めて。

Total **710** kcal
＊漬け物は除く

めんたい卵焼き
107kcal ➡P100
明太子とクリームチーズを包んだ卵焼き。ごはんにもよく合う組み合わせ。

ごはん 200g
336kcal

切り干し大根の煮物
39kcal ➡P126
カルシウムなどのミネラルが豊富な切り干し大根は、汁けをよくきってからカップに入れて。

鮭のザンギ
194kcal ➡P95
作りおきした揚げ物は、一度電子レンジで加熱してから、粗熱をとって詰めることがコツ。

にらと豆苗のごまマヨあえ
34kcal ➡P131
にらと豆苗をさっとゆでて水けをよく絞ってからごまマヨであえるのがコツ。

 組み合わせポイント
魚の揚げ物には卵焼きを添えてボリュームアップ
にんにくじょうゆ味の鮭のザンギには、少し甘めの切り干し大根の煮物やにらのごまマヨあえが好相性。卵焼きをプラスすることで、ボリュームが出るとともに味のバランスもよくなります。

男子も大満足！ボリューム弁当＊6

コクうま！厚揚げの肉巻き弁当

厚揚げだけでもコクがありますが、豚肉を巻いて焼き、こってりたれをからめたボリュームおかず。
添えるサブおかずは、さっぱり味の煮物やあえ物がよく合います。

Total
613 kcal
＊漬け物は除く

ごはん 200g
336 kcal

れんこんのゆずこしょう煮
55 kcal →P129
お弁当用の煮物は煮汁が少なくなるまで煮るのがきほん。詰めるときも汁けをきって。

厚揚げの肉巻き
199 kcal →P102
一度温めて粗熱をとってから、ごはんに立てかけるようにして詰めて。

パプリカのオイスターソースあえ
23 kcal →P131
レンチンですぐできるあえ物。緑、赤、黄色の野菜のあえ物は、お弁当の彩りに。

組み合わせポイント
**こってりおかずには
さっぱりとした副菜を**
照り焼きなどのこってりおかずには、さっぱり味の副菜を組み合わせましょう。また、調理法も重ならないように考えます。焼き物には煮物とあえ物を組み合わせてみましょう。

[作りおき弁当]

主菜おかずの作りおきポイント

肉や魚介、豆・大豆製品、卵を使ったおかずをたくさん作るときに、
できるだけ風味を落とさずに、傷まず長持ちさせるポイントをおさえましょう。

1. 1パック単位で食材を使って作りおき

作りおきおかずを作るときは、400g、300gなどの1パック単位で作ると作りやすいのでおすすめです。鶏もも肉なら2枚、かたまり肉なら1本、切り身魚なら4枚などの単位が作りやすいでしょう。だいたい4〜6回分が目安です。

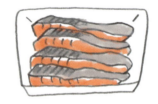
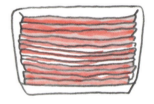

2. 汁けのあるおかずは、しっかりとろみづけを

お弁当に汁けのあるおかずを詰めるのは、汁もれや傷む原因になります。煮物や炒め煮などは、とろみを強くするのがポイント。水溶き片栗粉を入れたら、一度火を強めてしっかり煮詰めましょう。

3. ハーブやスパイスを効果的に取り入れる

ハーブやスパイスには殺菌作用があるので、作りおきのおかずに積極的に取り入れましょう。タイムやローズマリーなどのハーブや、カレー粉や黒こしょう、クミンなどのスパイスを使うと効果的です。

4. 冷凍するときは、あらかじめ小分けにして

冷凍保存するときは、なるべく小分けにして冷凍するのがおすすめ。カップに入れるなら、シリコンカップやアルミカップに分けてバットや保存容器に入れて。お弁当箱に詰めるときに、取り出しやすくておすすめ。

5. アツアツのおかずは、必ず粗熱をとってから

作りおきおかずは、できたてのアツアツの状態で保存するのはNG。粗熱がとれないまま冷蔵庫または冷凍庫に入れると、蓋に水滴がついて傷む原因になります。必ず、粗熱を完全にとってから蓋をして保存しましょう。

337kcal　335kcal

やわらかいチキンといんげんの歯応えがマッチ
チキンロール

材料（作りやすい分量）

鶏もも肉…2枚
さやいんげん…8本
サラダ油…小さじ1

A ┌ 水…200㎖
　│ 酒…大さじ3
　│ しょうゆ・みりん…各大さじ2
　└ 砂糖…小さじ2

💭 保存のコツ
保存するときは、丸のまま煮汁に浸して冷蔵庫で保存。切り分けるのは粗熱がとれてから。

★ 保存期間
冷蔵 3〜4日間
冷凍 NG

作り方

1. 鶏肉は包丁で切り目を入れて肉の厚みを均一にし、皮目をフォークで数か所刺す。
2. いんげんはヘタを切り落とす。
3. 鶏肉1枚に2の半量をのせてクルクルと巻き、タコ糸で巻いて形をととのえる。これを2本作る。
4. フライパンにサラダ油を熱し、3を焼く。表面に焼き色がついてきたら蓋をして中火で5〜7分ほど、中まで火を通す。
5. ペーパータオルで余分な油を拭き取り、Aを加え、時々転がしながら汁けが少なくなるまで煮詰める。煮汁が少なくなったらフライパンをゆすって照りをだす。

コチュジャンの辛みが食欲を刺激する
鶏のコチュジャン炒め

材料（作りやすい分量）

鶏もも肉（またはお好みでむね肉でも）…2枚
塩・こしょう…各少々
しし唐辛子…8本
ごま油…小さじ2

A ┌ コチュジャン…大さじ1
　│ しょうゆ…小さじ1
　│ 砂糖…小さじ1
　│ 酒…小さじ2
　└ はちみつ…大さじ1

💭 保存のコツ
保存するときは、1回分ずつシリコンカップに入れて冷蔵または冷凍保存を。

★ 保存期間
冷蔵 3〜4日間
冷凍 2週間
＊しし唐辛子は冷凍NG

作り方

1. 鶏肉は一口大に切り、塩、こしょうをふる。
2. しし唐辛子は爪楊枝で数か所刺す。
3. フライパンにごま油を熱し、1を焼く。両面をこんがりと焼いて、中まで火を通す。
4. しし唐辛子を加えてさっと混ぜ合わせてから、Aを加えて煮からめる。

鶏肉のおかず

303kcal

331kcal

カロリーは低くても肉厚で食べ応えあり！
みそ漬け鶏ハム

材料（作りやすい分量）
鶏むね肉…2枚
A[みそ…大さじ3
　 酒…大さじ1
　 はちみつ…大さじ1]

保存のコツ
完全に粗熱がとれたら、ラップをしたまま保存容器に入れて冷蔵庫または冷凍庫に入れて。

★保存期間
冷蔵 4〜5日間
冷凍 2週間

作り方
1 鶏肉は切り目を入れて包丁で肉の厚みを均一にする。
2 Aを混ぜ合わせて1に塗って密閉容器に入れ、冷蔵庫でひと晩おく。
3 みそをキレイにぬぐい、クルクルと巻いてラップでギュッとキャンディー状に包む。さらに2重3重にラップでギュッと包む。
4 鍋に3を入れ、かぶるくらいの水を加えて蓋をし、強火にかける。沸騰したら中火にして5分ほどゆで、火を止めてそのまま冷ます。

チキンとトマトは相性抜群！
チキントマト煮

材料（作りやすい分量）
鶏もも肉…2枚
玉ねぎ…½個
オリーブ油…小さじ2
A[トマト水煮缶…1½カップ
　 ローリエ…1枚
　 トマトケチャップ…大さじ2]
しょうゆ…小さじ1
塩…少々＋小さじ⅓
こしょう…少々

保存のコツ
煮込み料理も粗熱をとってから。平らなバットに広げると冷めやすくなる。

★保存期間
冷蔵 3〜4日間
冷凍 2週間

作り方
1 鶏もも肉は一口大に切り、塩、こしょう各少々をふる。
2 玉ねぎは1.5cm角に切る。
3 フライパンにオリーブ油を熱し、1を焼く。焼き色がついてきたら2を加えて炒める。
4 Aを加えて、蓋をし、弱火で10分ほど煮る。しょうゆ、塩小さじ⅓、こしょう少々で味をととのえる。

メインおかず **鶏肉**

232kcal

323kcal

梅干しと昆布のさっぱり和風味
鶏の梅煮

材料（作りやすい分量）
鶏手羽元…12本
昆布…1枚（10cm）
しょうが…1片
A[昆布のもどし汁…400ml
　 しょうゆ…大さじ2
　 みりん…大さじ2
　 砂糖…小さじ2]
梅干し…4個

💭 保存のコツ
煮上がったあとは、そのまま鍋の中で粗熱が完全にとれるまでおいておくこと。

⭐ 保存期間
冷蔵 3〜4日間
冷凍 2週間

作り方
1. 昆布は水に浸してもどし、2cm角に切る。しょうがは薄切りにする。
2. 鍋にAを入れて煮立て、鶏手羽元、1、2、梅干しを加える。落とし蓋をして中火で10分ほど、煮汁が少なくなるまで煮る。

マスタードがアクセントの洋風煮込み
鶏のマスタード煮

材料（作りやすい分量）
鶏もも肉…2枚
玉ねぎ…½個
A[粒マスタード…小さじ2
　 白ワイン…150ml
　 白ワインビネガー…大さじ1½
　 ローリエ…1枚
　 砂糖…小さじ1
　 塩…小さじ½
　 こしょう…少々]

💭 保存のコツ
バットに広げて粗熱をとってから冷蔵庫または冷凍庫へ。小分けにして保存すると便利。

⭐ 保存期間
冷蔵 3〜4日間
冷凍 2週間

作り方
1. 鶏肉は一口大に切る。
2. 玉ねぎは2cm角に切る。
3. 鍋に1、2を入れ、Aを加える。強火にかけ、煮立ったら蓋をし、弱火にして10分ほど煮る。

135kcal

340kcal

レモンとナンプラーが香るアジアンおかず
ハニーナンプラーレモン

材料（作りやすい分量）

鶏手羽中…12本
塩・こしょう…各少々
サラダ油…小さじ2
A ┌ ナンプラー…大さじ1
　├ 酒…大さじ2
　├ はちみつ…小さじ2
　└ レモン（薄切り）…4枚

保存のコツ
鶏手羽中は、取り出しやすいようにキレイに並べて保存を。

★保存期間
冷蔵 3～4日間
冷凍 2週間
＊レモンは冷凍NG

作り方

1 鶏手羽肉は骨に沿って切り込みを入れ、塩、こしょうをふる。
2 フライパンにサラダ油を中火で熱し、1の皮目から焼く。全体にこんがりと焼き色がついたら、蓋をして中火で3分ほど中まで火を通す。
3 合わせたAを加えて煮からめる。レモンはえぐみが出はじめる2日目くらいに取り除く。

甘辛いチリソースがからんでおいしい
鶏のスイートチリソース煮

材料（作りやすい分量）

鶏もも肉…2枚
塩・こしょう…各少々
パプリカ（赤）…1個
サラダ油…小さじ2
A ┌ 水…50mℓ
　├ 酒…大さじ2
　├ スイートチリソース…大さじ4
　├ トマトケチャップ…大さじ1
　└ しょうゆ…小さじ1

保存のコツ
汁けがなくなるまで煮詰めて、保存容器に平らに並べて粗熱をとること。

★保存期間
冷蔵 3～4日間
冷凍 2週間

作り方

1 鶏もも肉は一口大に切り、塩、こしょうをふる。
2 パプリカは1.5cm角に切る。
3 フライパンにサラダ油を中火で熱し、1を焼く。焼き色がついたら2を加えてさっと炒め、合わせたAを加える。煮立ったら中火で5分ほど、フライパンを時々ゆすりながら煮詰める。

鶏肉のおかず

144kcal

302kcal

ヒレ肉を使うからやわらかくって冷めてもおいしい
黒酢豚

材料（作りやすい分量）

豚ヒレ肉…300g
塩・粗びき黒こしょう…各少々
片栗粉…大さじ1
ごま油…大さじ1

A ┌ 黒酢…大さじ2
　├ しょうゆ…大さじ1
　├ 酒…大さじ1
　├ 砂糖…小さじ1
　└ はちみつ…小さじ1

> 保存のコツ
> 一口大に切った黒酢豚はシリコンカップに小分けにして保存容器に入れて冷蔵庫または冷凍庫へ。

★保存期間
冷蔵：3〜4日間
冷凍：2週間

作り方

1 豚肉は食べやすい大きさに切る。塩、粗びき黒こしょうをふり、片栗粉を薄くまぶして余分な粉をはたく。
2 フライパンにごま油を中火で熱し、1を焼く。全体をこんがりと焼いたら、余分な油をペーパータオルで拭き取り、合わせたAを加えて煮からめる。

マーマレードでの甘みと風味がさわやか！
マーマレード照り焼き

材料（作りやすい分量）

豚ロース肉（とんかつ用）…4枚
塩・粗びき黒こしょう…各少々
サラダ油…小さじ2

A ┌ マーマレード…大さじ1
　├ しょうゆ…大さじ2
　└ しょうがのすりおろし…小さじ1

> 保存のコツ
> 保存するときは、そのまま保存容器に入れて。お弁当箱に詰める際に食べやすく切り分けて。

★保存期間
冷蔵：3〜4日間
冷凍：2週間

作り方

1 豚肉は筋を切り、塩、こしょうをふる。
2 フライパンにサラダ油を中火で熱し、1を焼く。焼き色がついたらペーパータオルで余分な油を拭き取り、合わせたAを加えて煮からめる。

227kcal

192kcal

豚肉にマスタードソースがよくからむ
豚肉のマヨマスタード焼き

材料（作りやすい分量）

豚肩ロース肉（ブロック）
　…300g
塩・こしょう…各少々
マヨネーズ…大さじ1
A ┌ 粒マスタード…大さじ1
　├ しょうゆ…大さじ1
　├ 砂糖…小さじ1
　└ 酢…小さじ1

保存のコツ
粗熱がとれたら保存容器に並べてAのソースをかけ、冷蔵庫または冷凍庫へ。

★保存期間
冷蔵 3～4日間
冷凍 2週間

作り方

1 豚肉は1cm厚さに切る。さらにやや大きめの一口大に切り、塩、こしょうをふる。
2 フライパンにマヨネーズを中火で熱し、1を焼く。片面3分ずつ程度焼いたらペーパータオルで余分な油を拭き取り、合わせたAを加えて煮からめる。

オクラと梅でさっぱりヘルシー！
オクラ梅の豚肉巻き

材料（作りやすい分量）

豚ロース薄切り肉…12枚
塩・こしょう…各少々
オクラ…12本
梅肉…大さじ1
サラダ油…小さじ2
A ┌ しょうゆ…大さじ½
　└ みりん…大さじ½

保存のコツ
豚肉巻きは、保存容器にキレイに並べて取り出しやすい工夫を。

★保存期間
冷蔵 3～4日間
冷凍 NG

作り方

1 豚肉は塩、こしょうをふる。
2 オクラはガクを取り除き、塩をふって板ずりし、洗う。
3 1に梅肉を塗り、水けを拭いた2をのせてクルクルと巻く。
4 フライパンにサラダ油を中火で熱し、3の巻き終わりを下にして焼く。転がしながら全体を焼き、合わせたAを加えて煮からめる。

メインおかず **豚肉**

322kcal

180kcal

ジューシーなチャーシューは食べ応えあり！
チャーシュー

材料（作りやすい分量）

豚肩ロース肉（ブロック）
　…400～500g
長ねぎ（青い部分）…1本分
にんにく・しょうが…各1片
酒…100㎖

A ┃ しょうゆ…50㎖　砂糖…大さじ3
　 ┃ オイスターソース…大さじ2

八角（好みで）…1個

保存のコツ：粗熱がとれるまで鍋の中でそのままおき、汁ごと保存容器に入れて。

★保存期間
冷蔵 4～5日間
冷凍 2週間

作り方

1. 豚肉はタコ糸を巻いて形をととのえる。
2. 熱したフライパンに、油をひかずに1を入れて中火で焼く。全体をこんがりと焼いたら鍋に移す。
3. 鍋に長ねぎ、つぶしたにんにく、しょうが、酒を加え、かぶるくらいの水を加える。蓋を少しずらしてのせ、強火にかける。煮立ったら中火にして1時間ほどゆでる（途中、水が減ったら足す）。
4. 3にA、好みで八角を加え、落とし蓋をして中火で30分ほど、煮汁が半分程度になるまで煮詰め、そのまま冷ます。

シャキシャキ野菜とお肉で食べ応えあり
ポークチャップ

材料（作りやすい分量）

豚ヒレ肉…300g
塩・こしょう…各少々
小麦粉…大さじ1
玉ねぎ…½個　しめじ…1パック
オリーブ油…小さじ2

A ┃ トマトケチャップ…大さじ4
　 ┃ ウスターソース…大さじ3
　 ┃ 酒・砂糖…各小さじ2
　 ┃ 酢…小さじ1

保存のコツ：粗熱をとってから保存容器に保存。小分けすると冷凍も可能。

★保存期間
冷蔵 3～4日間
冷凍 2週間

作り方

1. 豚肉は一口大に切り、フォークで数か所刺してから、塩、こしょうをふり、小麦粉をまぶす。
2. 玉ねぎは2cm幅のくし形に切り、しめじは石づきを切り落としてほぐす。
3. フライパンにオリーブ油を中火で熱し、1を焼く。焼き色がついたら玉ねぎ、しめじの順に加えて炒める。
4. 合わせたAを加えて煮からめ、塩、こしょうで味をととのえる。

豚肉のおかず

281kcal

357kcal

手間ひまかけた豚肉はふっくらやわらか
豚みそ煮

材料（作りやすい分量）

豚肩ロース肉（ブロック）…400g
しょうが…1片
にんにく…1片
長ねぎ（青い部分）…1本分
A［ゆで汁…300ml
　みそ・しょうゆ…各小さじ2
　砂糖・酒…各大さじ1］
みそ…小さじ2
さやいんげん…8本

保存のコツ
鍋の中でそのまま粗熱が完全にとれるまでおき、カップに小分けにして保存を。

★保存期間
冷蔵 3〜4日間
冷凍 2週間

作り方

1 鍋に豚肉、しょうが、にんにく、長ねぎの青い部分を入れ、かぶるくらいの水を注ぎ、蓋をして1時間ほどゆでる。豚肉は一口大に切る。

2 いんげんは熱湯でさっとゆでて3cm幅に切る。

3 鍋に1の豚肉、Aを入れて落とし蓋をし、中火で10分ほど煮る。仕上げにみそを加え、いんげんを加える。

肉厚の豚肉で作るからボリューム満点
中華風南蛮漬け

材料（作りやすい分量）

豚ロース肉（とんかつ用）…4枚
塩・こしょう…各少々
小麦粉…大さじ1　ごま油…適量
長ねぎ…¼本　しょうが…1片
A［白いりごま…小さじ2
　赤唐辛子（種を取る）…1本
　酢…大さじ4
　しょうゆ…大さじ2
　砂糖…大さじ2］

保存のコツ
南蛮酢は保存容器に入れて肉がアツアツのうちに漬け、粗熱をとって冷蔵庫または冷凍庫へ。

★保存期間
冷蔵 3〜4日間
冷凍 2週間

作り方

1 豚肉は麺棒でたたき、食べやすい大きさに切る。塩、こしょうをふって小麦粉を薄くまぶす。

2 長ねぎ、しょうがはみじん切りにし、Aを合わせたボウルに加えて混ぜ合わせる。

3 フライパンに多めのごま油を中火で熱し、1を揚げ焼きにする。

4 2に3を漬ける。

メインおかず **牛肉**

225kcal / 240kcal

フルーティなバルサミコの酸味がマッチ
牛肉のバルサミコ炒め

材料（作りやすい分量）
牛切り落とし肉…300g
エリンギ…1パック（100g）
オリーブ油…小さじ2
A ┌ バルサミコ酢…大さじ1
  │ しょうゆ…小さじ2
  │ はちみつ…小さじ½
  │ 塩…小さじ¼
  └ こしょう…少々

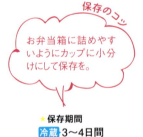
保存のコツ
お弁当箱に詰めやすいようにカップに小分けにして保存を。

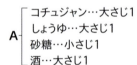
★保存期間
冷蔵 3〜4日間
冷凍 2週間

作り方
1 エリンギは長さを3〜4等分に切ってから薄切りにする。
2 フライパンにオリーブ油を熱し、牛肉、1の順に加えながら炒め合わせる。
3 合わせたAで味をととのえる。

ピリ辛味で野菜もたっぷり摂れる
プルコギ風野菜炒め

材料（作りやすい分量）
牛切り落とし肉…300g
玉ねぎ…½個
にんじん…30g
にら…30g
にんにく…1片
ごま油…小さじ2
A ┌ コチュジャン…大さじ1
  │ しょうゆ…大さじ1
  │ 砂糖…小さじ1
  └ 酒…大さじ1

保存のコツ
粗熱をとってからカップに詰めて冷蔵庫または冷凍庫へ保存を。

★保存期間
冷蔵 3〜4日間
冷凍 2週間

作り方
1 玉ねぎは薄切り、にんじんは細切り、にらはざく切り、にんにくはみじん切りにする。
2 フライパンにごま油、にんにくを入れて中火で熱し、玉ねぎ、牛肉、にんじん、にらの順に加えて炒め、合わせたAで味をととのえる。

153kcal

176kcal

わさびは隠し味程度。さっぱりと食べられる。
牛肉と大根のわさび煮

材料(作りやすい分量)

牛すね肉…300g
大根…200g
A [牛肉のゆで汁…100mℓ
    だし汁…200mℓ
    しょうが(薄切り)…1片分
    しょうゆ…大さじ2
    みりん…大さじ2
    砂糖…小さじ2]
練りわさび…小さじ1

保存のコツ
保存するときは煮汁と一緒に。詰めるときは汁けをきって。

★保存期間
冷蔵:3〜4日間
冷凍:NG

作り方

1. 牛肉はやわらかくなるまで30分ほど下ゆでする。
2. 大根は1.5cm厚さのいちょう切りにする。
3. 鍋に1、2を入れ、Aを加える。落とし蓋をして中火で20分ほど煮る。仕上げにわさびを溶き入れる。

シャキシャキれんこんでボリュームあり
肉巻きれんこん

材料(作りやすい分量)

牛薄切り肉…8枚(200g)
れんこん(太めのもの)…4cm
A [だし汁…1カップ
    しょうゆ…大さじ1
    みりん…大さじ1]
サラダ油…小さじ2
B [しょうゆ…大さじ1
    みりん…大さじ1
    しょうがの絞り汁…小さじ1]

保存のコツ
取り出しやすいように、保存容器に同じ向きに並べて。

★保存期間
冷蔵:3〜4日間
冷凍:NG

作り方

1. れんこんは縦8等分に切る。
2. 鍋に1、Aを入れ、落とし蓋をして強火にかけ、煮立ったら中火にして10分ほど煮る。汁けをきり粗熱をとる。
3. 牛肉を広げ、2をのせて端からクルクルと巻く。
4. フライパンにサラダ油を中火で熱し、3の巻き終わりを下にして並べる。転がしながら全体を焼き、火が通ったらBを加えて煮からめる。

ひき肉

150kcal

242kcal

甘辛いたれに青じその風味がアクセント
青じそつくね

材料（作りやすい分量）

鶏ひき肉…300g
長ねぎ…1/3本
しょうが…1片
片栗粉…大さじ1
塩…小さじ1/4
青じそ…8枚
サラダ油…少々
A [しょうゆ…大さじ1
　　みりん…大さじ1]

保存のコツ
そのまま置いて粗熱をとりながら、中心に火を通して。

★保存期間
冷蔵 3〜4日間
冷凍 2週間

作り方

1. 長ねぎ、しょうがはみじん切りにし、ひき肉、片栗粉、塩を加えて練り合わせる。
2. 8等分に丸め、青じそを巻く。
3. フライパンにサラダ油を中火で熱し、2を焼く。両面に焼き色がついたら蓋をして弱火で3分ほど、中まで火を通す。
4. 合わせたAを加えて煮からめる。

ケチャップ味は子供も大人も大好き
ひき肉団子ケチャップ炒め

材料（作りやすい分量）

合びき肉…300g　玉ねぎ…1/4個
ピーマン…2個　しめじ…1パック
溶き卵…大さじ2
塩・こしょう…各少々
サラダ油…小さじ2
A [トマトケチャップ…大さじ3
　　しょうゆ・みりん…各大さじ1
　　砂糖…小さじ1]

保存のコツ
保存容器は小さめのものを2個用意して保存もおすすめ。

★保存期間
冷蔵 3〜4日間
冷凍 2週間

作り方

1. 玉ねぎはみじん切りにする。
2. ひき肉はよく練る。粘りが出てきたら1、溶き卵、塩、こしょうを加えてさらに練り合わせ、一口大に丸める。
3. ピーマンは1.5cm角に切り、しめじは石づきを切り落としてほぐす。
4. フライパンにサラダ油を中火で熱し、2を焼く。全体に焼き色がついたら蓋をして3分ほど蒸し焼きにする。3を加えて炒め、合わせたAをからめる。

241kcal　　190kcal

ひき肉のおかず

れんこんではさんで食べ応え満点！
れんこんはさみ焼き

材料（作りやすい分量）

豚ひき肉…300g
長ねぎ…⅓本
片栗粉…大さじ1
塩・こしょう…各少々
れんこん…中1節（200g）
サラダ油…小さじ2
A [しょうゆ…大さじ1
　　みりん…大さじ1]

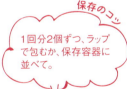

保存のコツ
1回分2個ずつ、ラップで包むか、保存容器に並べて。

★ 保存期間
冷蔵 3〜4日間
冷凍 2週間

作り方
1 ひき肉はよく練る。粘りが出てきたら、みじん切りにした長ねぎ、片栗粉、塩、こしょうを加えてさらに練り合わせる。
2 れんこんは5mm厚さの薄切りにし、太いものは半分に切る。片面に片栗粉を薄くまぶし、1をはさむ。
3 フライパンにサラダ油を熱し、2を焼く。両面こんがりと焼けたら、蓋をして中火で5分ほど中まで火を通す。
4 合わせたAを加えて煮からめる。

ほくほくのじゃがいもにそぼろがよくからむ
じゃがいものそぼろ煮

材料（作りやすい分量）

じゃがいも…400g
豚ひき肉…150g
しょうが…1片
ごま油…小さじ2
A [鶏ガラスープの素（顆粒）…小さじ½
　　水…300㎖
　　しょうゆ…大さじ1
　　オイスターソース…大さじ1
　　砂糖…小さじ1
　　赤唐辛子（種を取る）…1本]

保存のコツ
じゃがいものそぼろ煮は小さめの保存容器に分けて保存を。

★ 保存期間
冷蔵 3〜4日間
冷凍 NG

作り方
1 じゃがいもは皮をむいて一口大に切る。しょうがはみじん切りにする。
2 鍋にごま油を熱してひき肉を炒める。1を加えて炒め合わせてAを加える。
3 落とし蓋をして中火で10分ほど、煮汁が少なくなるまで煮る。

作りおきで朝詰めるだけ！お弁当

これでやせる！ダイエット弁当＊1

あっさり！みそ漬け鶏ハム弁当

ほとんど油を使わない、低カロリー弁当です。2段弁当にして、ごはんもふんわり軽めに盛ります。
ひじきやしらたきの低カロリーおかずは常備しておくと便利。

Total
570 kcal

みそ漬け鶏ハム
303 kcal →P77
みそ漬けの味は物足りなさを感じません。

大根の葉とじゃこふりかけ
49 kcal →P157
大根の葉は捨てずに刻んでふりかけに。じゃこを加えることでカルシウム倍増。

ごはん 100g
168 kcal

ひじきとパプリカのピクルス
28 kcal →P137
ダイエット中は貧血になりがちなので、鉄分の豊富なひじきを使った常備菜をストックして。

しらたききんぴら
22 kcal →P123
低カロリーの代表しらたきを使ったきんぴらは少し多めに詰めてもOK。

組み合わせポイント
低カロリーでも鉄分やカルシウムの豊富なおかずを組み合わせて
貧血気味やイライラしがちなダイエット時には、鉄分やカルシウム補給を心がけて。低カロリーの上、鉄分を多く含むひじき、カルシウムたっぷりのちりめんじゃこを使ったふりかけやマリネ、煮物などを作りおきしましょう。

これでやせる！ダイエット弁当＊2

満足！タンドリーシーフード弁当

ダイエットごはんで大切なポイントは「よく噛んで食べること」。
歯応えのあるシーフードのおかずや豆のおかずを詰めて満足度を高めましょう。

Total **434** kcal

組み合わせポイント
カレー味のメインには酸味の効いたサブおかずを
食べ応えのあるタンドリーシーフードには、酸味のあるピクルスやマリネが好相性。いかやえびに含まれているタウリンと、スパイスの効果でやせやすい体に。酸味にはクエン酸も含まれ、疲れ解消、代謝の促進に。

ごはん 100g
168kcal

ズッキーニのピクルス
20kcal →P136
酸味がおいしいピクルス。ズッキーニは低カロリー＆低糖質食材なのでヘルシー。

豆のマリネ 101kcal →P133
ミックスビーンズの水煮缶は、ダイエット時におすすめの食材。マリネにしておいしくいただきましょう。

タンドリーシーフード
145kcal →P97
プリプリのえびと輪切りのいかは食べ応え満点。カレー風味で新陳代謝もアップ。

作りおきで朝詰めるだけ！お弁当

これでやせる！ダイエット弁当＊3

食べ応え満点！肉巻きゆで卵弁当

肉を少量食べるなら、ゆで卵に肉を巻いて焼いたおかずがおすすめです。
長いもの梅煮や玉ねぎ麺つゆ炒めは、やさしい和風味。梅干しのクエン酸で代謝アップ。

Total
496 kcal
＊ふりかけは除く

組み合わせポイント　おかずの味、調味法は重ならないようにするのがコツ

肉巻き卵はこっくりみそ味なので、組み合わせるなら、さっぱりとした梅味の煮物と麺つゆ味の炒め物でバランスよく。彩りがさみしいときは、リーフレタスやゆでブロッコリーなどを詰めるといいでしょう。

ごはん 100g
168kcal

玉ねぎ麺つゆ炒め
51kcal →P125
鶏ひき肉は低脂肪、低カロリーだから安心。玉ねぎは少し歯応えを残して仕上げて。

長いもの梅煮
53kcal →P129
薄口しょうゆとみりんで味つけしたあっさり煮。梅干しの酸味で味にアクセントを。

肉巻きゆで卵
224kcal →P99
ゆで卵に巻く薄切り肉はしゃぶしゃぶ用の薄いタイプで。カロリーは控えめでも満足度は満点。

これでやせる！ダイエット弁当＊4

ヘルシー！牛肉と大根のわさび煮弁当

食べ応え満点の牛肉も下ゆでをしっかりとすれば、カロリーダウン。
ビタミンの豊富なブロッコリーや鉄分の多いひじきの煮物を添えて、バランスよく。

Total
542 kcal

＊ゆかりは除く

ブロッコリーくるみあえ
167 kcal →P113
ほんのりとした甘みとくるみの食感がアクセント。あっさりした煮物に合わせて。

ごはん 100g
168 kcal

ひじき煮 54 kcal →P126
大豆の水煮やにんじん、いんげんなど具だくさんのひじき煮は、鉄分、カルシウムの補給に。

牛肉と大根のわさび煮
153 kcal →P85
牛すね肉は30分ほど下ゆでするから、カロリーも大幅ダウン。わさび風味がさわやか。

組み合わせポイント

あっさりした煮物には少し味のはっきりしたおかずを

わさび風味のあっさりとした煮物には、少し甘みのあるブロッコリーのサブおかずとしっかりしょうゆ味のひじき煮を添えて。食感に変化をつけたいなら、漬け物を添えるとさらに満足感が高まります。

作りおきで朝詰めるだけ！お弁当

これでやせる！ダイエット弁当＊5

おなかスッキリ！うの花弁当

おからを使ったうの花は、食物繊維が豊富で便秘解消に効果的。
きのこのあえ物も添えれば、おなかもスッキリ！ おにぎりは小さめに握ってお弁当箱に詰めて。

Total **402** kcal

きのことささみの しょうがみそあえ
48kcal →P132

数種類のきのこのあえ物は旨味たっぷり。低脂肪の鶏ささみを一緒にあえれば満足度アップ。

ごはん 150g のり ⅓枚
254kcal

うの花 76kcal →P102
うの花はおからをたっぷり使ったヘルシーおかず。おなかで膨らむからダイエットにピッタリ。

アスパラガスのり佃煮あえ
24kcal →P117

ゆでたアスパラガスにのりの佃煮をあえるだけ。のりでミネラルを補給。

組み合わせポイント

ダイエット中の便秘を解消！ 食物繊維たっぷりおかず

おからは低カロリーで食物繊維が豊富。きのこのあえ物、アスパラガスのり佃煮あえを組み合わせてバランスよく。食物繊維は便秘解消だけでなく、コレステロールの抑制にも効果的でダイエットにピッタリです。

これでやせる！ダイエット弁当＊6

代謝アップ！オクラ梅の豚肉巻き弁当

しっかり味のオクラ梅の豚肉巻きにはさっぱり味のきゅうりと香味野菜漬けを添えましょう。大根の煮物を添えることで、物足りなさをカバー。桜えびをごはんにのせてカルシウムを補給して。

Total **438** kcal

組み合わせポイント

焼き物、煮物、漬け物と味、食感に変化をつけて

新陳代謝をアップする梅のクエン酸効果が期待できるお弁当。酸味の強いメインのおかずには、あっさりとした大根の煮物、シャキシャキとした食感のきゅうり漬けを添えると満足度の高いお弁当になります。

ごはん 100g
桜えび 3g
177kcal

きゅうりと香味野菜漬け
11kcal →P137
きゅうり漬けを詰めるときは、汁けをよくきって、最後に詰めるのがコツ。

大根の煮物 58kcal →P127
油揚げの旨味がポイント。煮汁はよくきってお弁当箱に詰めて。煮物は冷めてもおいしいからおすすめ。

オクラ梅の豚肉巻き
192kcal →P81
必ず粗熱を完全にとってから詰めるようにして。きゅうり漬けが傷まないように注意。

メインおかず **切り身魚**

198kcal

198kcal

カレーの風味が食欲をそそる
さばのカレー焼き

材料（作りやすい分量）
さば（半身）…2枚（300g）
塩…小さじ½
こしょう…少々
A [小麦粉…大さじ2
　　カレー粉…小さじ1]
オリーブ油…大さじ1

保存のコツ
熱いまま重ねると皮がはがれやすいので、冷めてから容器に詰めて。

★保存期間
冷蔵 3〜4日間
冷凍 2週間

作り方
1 さばは1枚を4等分にそぎ切りにし、塩、こしょうをふる。
2 1に合わせたAをまぶす。
3 フライパンにオリーブ油を中火で熱し、2を皮目から焼く。こんがりと焼いたら返し、蓋をして2分ほど中まで火を通す。

調理のコツ 合わせたカレー粉と小麦粉は、焼く食前にまぶすこと。焼くときは皮目を下にして焼き目がつくまで焼き、裏返して蓋をして火を通しましょう。

鯛を使った西洋風南蛮漬け
エスカベージュ

材料（作りやすい分量）
鯛（切り身）…4切れ
塩…小さじ¼　こしょう…少々
セロリ…40g　玉ねぎ…¼個
パプリカ（赤）…¼個
小麦粉…大さじ1
揚げ油…適量
A [酢…大さじ3
　　レモン汁…大さじ2
　　オリーブ油…大さじ2
　　砂糖…大さじ1
　　塩…小さじ¼
　　こしょう…少々]

保存のコツ
白身魚を揚げたら、アツアツのうちにマリネ液に漬けて。

★保存期間
冷蔵 3〜4日間
冷凍 NG

作り方
1 鯛は3〜4等分くらいに切り、塩、こしょうをふる。
2 セロリは薄切り、玉ねぎ、パプリカは横に薄切りにする。
3 1に小麦粉をまぶして余分な粉をはたき、170℃に熱した揚げ油で揚げる。
4 合わせたAに3、2を入れて漬ける。

切り身魚のおかず

153kcal

194kcal

ごはんがすすむ保存性の高いおかず
たらの梅照り焼き

材料（作りやすい分量）
たら（切り身）…4切れ
塩…少々
小麦粉…大さじ1
サラダ油…大さじ1
A [梅肉…大さじ1
　　みりん…大さじ1
　　しょうゆ…大さじ1]
しし唐辛子…8本

💭 保存のコツ
粗熱をとってから梅だれごと保存容器に並べて保存。

★保存期間
冷蔵 3〜4日間
冷凍 2週間
＊しし唐辛子は冷凍NG

作り方
1 たらは半分に切り、塩をふる。小麦粉をまぶして余分な粉をはたく。
2 フライパンにサラダ油を熱し、1を焼く。両面こんがりと焼いたらしし唐辛子を加えて蓋をして、中火で2分ほど中まで火を通す。
3 合わせたAを加えて煮からめる。

下味しっかりの鮭のから揚げ
鮭のザンギ

材料（作りやすい分量）
生鮭（切り身）…4切れ
塩…小さじ¼
こしょう…少々
にんにくのすりおろし…小さじ½
A [しょうがの絞り汁…大さじ½
　　しょうゆ…大さじ1
　　酒…大さじ1]
片栗粉…大さじ2
揚げ油…適量

💭 保存のコツ
揚げ網にのせて油をしっかりきり、粗熱を完全にとってから保存。

★保存期間
冷蔵 3〜4日間
冷凍 2週間

作り方
1 鮭は一口大に切り、塩、こしょう、にんにくを加えてもみ込む。
2 合わせたAに鮭を入れ、30分ほど漬ける。
3 余分な汁けをきったら、片栗粉をまぶして余分な粉をはたき、170℃に熱した揚げ油で揚げる。

メインおかず **魚介**

74kcal / 119kcal

やわらかい大根といかの相性抜群の煮物
いかと大根の煮物

材料（作りやすい分量）
いか…1杯（正味170g）
大根…300g
だし汁…300ml
しょうが…1片
A [しょうゆ…大さじ1½
    みりん…大さじ1½]

> **保存のコツ**
> 保存するときは煮汁ごと保存容器に入れて。お弁当箱に詰めるときは汁けをしっかりきること。

★保存期間
冷蔵 3〜4日間
冷凍 2週間

作り方
1. いかは足と胴を切り離し、軟骨、ワタなどを取り除く。胴は1cm幅の輪切り、足は吸盤をこそげ取って2〜3本に分ける。
2. 大根は2cm厚さのいちょう切りにする。
3. 鍋にだし汁、細切りにしたしょうがを入れて煮立て、1を2分ほど煮て、いったん取り出す。
4. 3に2を加え、20分ほど煮る。大根がやわらかくなったら、いかを鍋に戻し入れ、Aを加えて3分ほど煮る。

バジルのさわやかな風味をたっぷり効かせて
たこじゃがバジル

材料（作りやすい分量）
ゆでだこ…250g
じゃがいも…250g
バジルペースト（市販）…大さじ1
塩・こしょう…各少々
オリーブ油…小さじ1

> **保存のコツ**
> ゆでだこはあまり日持ちしないので、早めに食べ切ること。

★保存期間
冷蔵 2〜3日間
冷凍 NG

作り方
1. たこは小さめの一口大に切る。
2. じゃがいもは皮をむき、一口大に切る。鍋に入れてひたひたの水を注ぎ、強火にかける。煮立ったら中火にして5分ほどゆでて中まで火を通し、湯をきる。
3. 1、2を合わせ、じゃがいもが熱いうちに塩、こしょうをふり、バジルペースト、オリーブ油であえる。

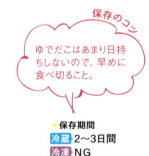

調理のコツ じゃがいもは湯をきったあと、からいりするとさらにホクホクに。熱いうちに塩、こしょうをふり、バジルペーストとオリーブ油であえるとおいしく仕上がります。

145kcal 185kcal

シーフードで作るからカロリーもダウン
タンドリーシーフード

材料（作りやすい分量）
えび…8尾
いか…1杯（正味170g）
塩…小さじ¼　こしょう…少々
酒…大さじ1
A ┃ カレー粉…小さじ1
　 ┃ プレーンヨーグルト…大さじ2
　 ┃ トマトケチャップ…大さじ1
　 ┃ しょうがのすりおろし…小さじ½
　 ┃ にんにくのすりおろし…小さじ½
オリーブ油…小さじ2

> 保存のコツ
> 小分けにしてカップに入れたら、フライパンに残ったたれものせて。

★保存期間
冷蔵 3～4日間
冷凍 2週間

作り方
1 えびは尾を残して殻をむき、背側を開いて背ワタを取り除く。いかは足と胴を切り離し、軟骨、ワタなどを取り除く。胴は1cm幅の輪切り、足は吸盤をこそぎ取って2～3本に分ける。えびといかを合わせて塩、こしょう、酒をふる。
2 合わせたAに1を30分ほど漬ける。
3 フライパンにオリーブ油を中火で熱し、2を焼く。

えびのプリプリ感とコーンの甘みが絶妙
えびとコーンのよせ揚げ

材料（作りやすい分量）
むきえび…200g
ホールコーン…50g
小麦粉…大さじ3
A ┃ 溶き卵…大さじ2
　 ┃ 水…大さじ1
揚げ油…適量

> 保存のコツ
> 完全に冷めてから、ペーパータオルを敷いた保存容器に入れて。

★保存期間
冷蔵 3～4日間
冷凍 NG

作り方
1 むきえびは背ワタを取り除く。コーンは水けをしっかりときる。
2 1に小麦粉を半量加えてさっくり混ぜる。合わせたAを加えて混ぜ合わせ、残りの小麦粉を加えてさらに混ぜ合わせる。
3 2をスプーンで適量とり、170℃に熱した揚げ油で揚げる。

魚介のおかず

メインおかず
卵

95kcal

68kcal

お弁当にピッタリな味つきゆで卵
みそマヨ卵

材料（作りやすい分量）
ゆで卵…4個
A ┌ みそ…小さじ2
　└ マヨネーズ…小さじ2

保存のコツ
保存するときは乾かないようにラップをふんわりかけ、蓋をして。

★保存期間
冷蔵:3〜4日間
冷凍:NG

作り方
1. ゆで卵は殻をむいて縦半分に切る。
2. 1に合わせたAをのせ、天板に並べてオーブントースターで3分ほど焼く。

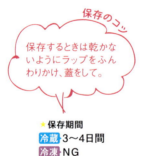

調理のコツ　ゆで卵は沸騰した湯に室温にもどした卵をそっと入れ、中火で10分ほどゆでると、お弁当向きのかたゆで卵になります。

見た目もかわいい卵料理
山椒卵

材料（作りやすい分量）
ゆで卵…2個
クリームチーズ…大さじ2
マヨネーズ…小さじ1
塩…少々
粉山椒…少々

保存のコツ
ゆで卵は殻のまま保存し、当日トッピングする方がよい。

★保存期間
冷蔵:3〜4日間
冷凍:NG

作り方
1. クリームチーズは室温にもどし、マヨネーズ、塩を加えて混ぜ合わせる。
2. ゆで卵は殻をむいて縦半分に切り、1をのせ、粉山椒をふる。

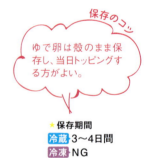

調理のコツ　卵を時間通りゆでたら、しっかり冷水、または氷水で冷やすのがポイント。こうすることで、殻がつるんとむけます。

卵のおかず

115kcal

224kcal

どんな料理にも使える万能おかず
漬け卵

材料(作りやすい分量)
ゆで卵…4個
A［しょうゆ…大さじ2
　　みりん…大さじ2
　　酒…大さじ2
　　砂糖…小さじ1］

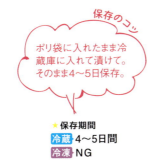
保存のコツ
ポリ袋に入れたまま冷蔵庫に入れて漬けて。そのまま4〜5日保存。

★保存期間
冷蔵 4〜5日間
冷凍 NG

作り方
1 鍋にAを合わせて火にかけ、ひと煮立ちさせる。
2 ポリ袋に殻をむいたゆで卵を入れ、粗熱がとれたら1を加える。空気を抜いて口を縛り、冷蔵庫でひと晩以上漬ける。

調理のコツ ポリ袋に殻をむいたゆで卵を入れたら、粗熱をとった漬け汁を注いで。口を縛るときは空気を抜いてまんべんなくつかるようにするのがポイント。

ダイエット中でも食べ応え満点
肉巻きゆで卵

材料(作りやすい分量)
ゆで卵…4個
豚ロース薄切り肉
　（しゃぶしゃぶ用）…8枚
塩・こしょう…各少々
小麦粉…大さじ½
サラダ油…小さじ2
A［みそ…小さじ2
　　酒…大さじ1
　　みりん…大さじ1
　　しょうがの絞り汁…小さじ1］

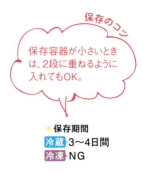
保存のコツ
保存容器が小さいときは、2段に重ねるように入れてもOK。

★保存期間
冷蔵 3〜4日間
冷凍 NG

作り方
1 ゆで卵は殻をむいて縦半分に切る。
2 豚肉を広げて塩、こしょうをふり、1をのせてクルクルと巻く。
3 小麦粉をまぶして粉をはたき、サラダ油を熱したフライパンに入れて中火で焼く。全体をこんがりと焼いたら、合わせたAを加えて煮からめる。

77kcal　　107kcal

卵

見た目も個性的な卵焼き
のりクルクル卵

材料（作りやすい分量）

卵…3個
焼きのり…1枚
塩…小さじ¼
ごま油…適量

> 保存のコツ
> 冷めたら保存容器に入れて冷蔵庫へ。お弁当箱に詰めるときは再加熱を。

★保存期間
冷蔵 2〜3日間
冷凍 NG

作り方

1. ボウルに卵を割りほぐし、塩を加える。
2. 焼きのりは4等分に切る（卵焼き器の横幅に合わせる）。
3. 卵焼き器にごま油を薄くのばして中火で熱し、1を¼量流し入れ、2の焼きのりを1枚のせて巻く。これを4回ほど繰り返して卵焼きを作る。

> 調理のコツ
> 卵液を流し入れて半熟状になったら、焼きのりをのせて、手前から巻き、巻き終わったら奥に寄せ、卵液を入れてのりをのせて巻く、を繰り返して巻き上げます。

明太子の辛みと食感がアクセント
めんたい卵焼き

材料（作りやすい分量）

卵…3個
明太子…½本（20g）
クリームチーズ…20g
薄口しょうゆ…小さじ2
みりん…小さじ1
サラダ油…適量

> 保存のコツ
> 切り口から具が出ないように、ラップで巻いて保存を。

★保存期間
冷蔵 2〜3日間
冷凍 NG

作り方

1. ボウルに卵を割りほぐし、しょうゆ、みりんを加える。
2. 明太子は縦に切る。クリームチーズは棒状に切る。
3. フライパンにサラダ油を薄くのばして中火で熱し、1を適量流し入れる。2をのせて巻く。これを数回繰り返して卵焼きを作る。

> 調理のコツ
> クリームチーズと明太子は、棒状に切って、卵液を流し入れて半熟状になったら手前から2cmぐらいのところに隣り合わせに並べてのせ、手前から巻き上げて。

87kcal　92kcal

常備しておいたツナ缶で具だくさん卵焼き
ツナねぎ卵焼き

材料（作りやすい分量）

卵…3個
ツナ缶…小½缶（35g）
万能ねぎ（小口切り）…大さじ1
粉チーズ…小さじ2
塩・こしょう…各少々
しょうゆ…小さじ½
サラダ油…適量

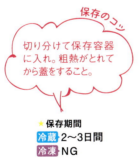

保存のコツ：切り分けて保存容器に入れ。粗熱がとれてから蓋をすること。

★保存期間
冷蔵 2〜3日間
冷凍 NG

作り方

1 ボウルに卵を割りほぐし、汁けをきったツナ、ねぎ、粉チーズ、塩、こしょう、しょうゆを加える。
2 フライパンにサラダ油を中火で熱し、1を適量流し入れて卵焼きを作る。（フライパンで焼いてオムレツにしてもいい。）

調理のコツ　ツナ缶は汁けをよくきってから卵液と合わせましょう。具を全部混ぜて焼くだけだから簡単。巻くのが面倒なときは、ミニフライパンに流し入れてオープンオムレツ風にしても。

カニかまがゴロッと入った満足おかず
カニかま卵焼き

材料（作りやすい分量）

卵…3個
カニ風味かまぼこ…3本
マヨネーズ…大さじ½
塩…ひとつまみ
サラダ油…適量

保存のコツ：丸のまま一度完全に冷ましてから、切り分けて保存容器に入れて保存を。

★保存期間
冷蔵 2〜3日間
冷凍 NG

作り方

1 ボウルに卵を割りほぐし、マヨネーズ、塩を加える。
2 卵焼き器でサラダ油を中火で熱し、1を適量流し入れ、カニかまをのせて巻き、卵焼きを作る。

調理のコツ　卵液を流し入れたら、端から2cmぐらいのところに横一列にカニかまをのせて、手前から巻いていくのがコツ。切るときは粗熱がとれてから、カニかまが飛び出さないように慎重に切ります。

豆・おから・豆腐

おからは女性にうれしい大豆イソフラボンがたっぷり！

うの花

材料（作りやすい分量）

おから…150g
にんじん…30g
しいたけ…1枚
ちくわ…小1本
絹さや…4枚
サラダ油…小さじ1

A［ 昆布だし…150㎖
　　しょうゆ…小さじ2
　　みりん…小さじ2 ］

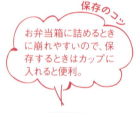

お弁当箱に詰めるときに崩れやすいので、保存するときはカップに入れると便利。

★保存期間
冷蔵 3～4日間
冷凍 2週間

作り方

1 にんじんは細切り、しいたけは薄切り、ちくわは小口切りにする。
2 絹さやは筋を取り除いて斜め細切りにする。
3 フライパンにサラダ油を熱し、1を炒める。おから、Aを加えて中火で水分が少なくなるまで炒め煮にする。仕上げに絹さやを加えて余熱で火を通す。

厚揚げを巻くから満足感いっぱいのおかず

厚揚げの肉巻き

材料（作りやすい分量）

厚揚げ…1枚
豚ロース薄切り肉…4枚
塩・こしょう…各少々
小麦粉…大さじ1

A［ しょうゆ…大さじ2
　　みりん…大さじ2
　　砂糖…小さじ1
　　酒…大さじ1 ］
サラダ油…大さじ1

粗熱がしっかりとれたら、保存容器に並べて蓋をして保存。

★保存期間
冷蔵 2～3日間
冷凍 NG

作り方

1 厚揚げは縦半分に切り、横4等分に切る。熱湯を回しかけて油抜きする。
2 豚肉を広げて塩、こしょうをふり、1をのせてクルクルと巻く。小麦粉をまぶして余分な粉をはたく。
3 フライパンにサラダ油を中火で熱し、2の巻き終わりを下にして入れて焼く。転がしながら全体を焼き、合わせたAを加えて煮からめる。

145kcal

107kcal

甘く煮た金時豆はお弁当の箸休めに最適
金時豆の甘煮

材料（作りやすい分量）
金時豆（水煮）
（またはキドニービーンズの水煮）
…200g
A ┌ 砂糖…大さじ3
  │ 薄口しょうゆ…小さじ½
  └ 塩…少々

保存のコツ
保存するときは、煮汁ごとカップに小分けして冷蔵庫または冷凍庫へ。

★保存期間
冷蔵 4〜5日間
冷凍 2週間

作り方
1 鍋に金時豆、Aを入れ、ひたひたの水を加える。落とし蓋をして強火にかけ、煮立ったら弱火にして20分ほど煮る。

> **調理のコツ** 金時豆は水煮を使うから、簡単に煮豆ができます。火を止めて、そのままひと晩おくと味が落ち着き、さらにおいしい仕上がりに。

厚揚げは崩れにくいのでお弁当にピッタリ
厚揚げのごまみそ煮

材料（作りやすい分量）
厚揚げ…1枚
A ┌ だし汁…1カップ
  │ しょうゆ…小さじ1
  │ みりん…小さじ2
  │ みそ…小さじ1
  │ 砂糖…小さじ2
  └ 白すりごま…大さじ1

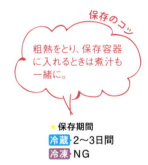

保存のコツ
粗熱をとり、保存容器に入れるときは煮汁も一緒に。

★保存期間
冷蔵 2〜3日間
冷凍 NG

作り方
1 厚揚げは一口大に切り、熱湯を回しかけて油抜きする。
2 鍋に1、Aを入れ、落とし蓋をする。強火にかけ、煮立ったら弱火で10分ほど煮含める。

> **調理のコツ** 厚揚げは熱湯を回しかけて油抜きするとカロリーもダウンするだけでなく、味がよくしみるのでおすすめ。煮あがったら、冷ましながら味を含ませること。

メインおかず
乳製品

56kcal

284kcal

簡単にできる、みんな大好きなおかず
ちくわチーズ焼き

材料（作りやすい分量）
ちくわ…小2本
ピザ用チーズ…40g
ドライパセリ…少々

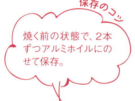

保存のコツ
焼く前の状態で、2本ずつアルミホイルにのせて保存。

★保存期間
冷蔵 2〜3日間
冷凍 NG

作り方
1 ちくわは長さを半分に切って縦半分に切る。
2 アルミホイルに1を並べ、ピザ用チーズをのせる。
3 当日オーブントースターで焼き、ドライパセリを散らす。

> **調理のコツ**
> ちくわにチーズをのせた状態で保存しておき、当日オーブントースターで焼くだけ。おつまみにもピッタリだから、まとめて作っておくと便利。

淡白なささみと濃厚なチーズは相性抜群
ささみチーズの磯辺揚げ

材料（作りやすい分量）
鶏ささみ…8本
塩・こしょう…各少々
スライスチーズ…4枚
焼きのり…1枚
A [水…大さじ3
   小麦粉…大さじ3]
揚げ油…適量

保存のコツ
粗熱が完全にとれてから、爪楊枝を抜いて保存容器に入れて。

★保存期間
冷蔵 3〜4日間
冷凍 2週間

作り方
1 鶏ささみは筋を取り除き、すりこぎなどでたたいて薄くのばし、塩、こしょうをふる。
2 スライスチーズは1枚を半分に、焼きのりは8等分に切る。
3 1に2の焼きのり、スライスチーズの順にのせ、クルクルと巻く。端を爪楊枝でとめる。
4 合わせたAにくぐらせ、170℃に熱した揚げ油で7〜8分ほど揚げる。爪楊枝を抜いて保存容器に入れる。

乳製品のおかず

325kcal

95kcal

一口サイズだから食べやすくお弁当にピッタリ！
チーズロールカツ

材料（作りやすい分量）

プロセスチーズ…80g
豚ロース薄切り肉…12枚
塩・こしょう…各少々
小麦粉・溶き卵・パン粉
　…各適量
揚げ油…適量

保存のコツ
揚げ網の上で完全に冷まして、保存容器に入れて冷蔵庫へ。

★保存期間
冷蔵 3～4日間
冷凍 2週間
＊揚げずに冷凍

作り方

1 プロセスチーズはサイコロ状に12等分に切る。
2 豚肉は塩、こしょうをふり、小麦粉を茶こしなどでふるう。1をのせて丸くなるようにクルクルと巻いて包む。
3 小麦粉、溶き卵、パン粉の順に衣をつけ、170℃に熱した揚げ油で色よく揚げる。

寒い日にうれしいあったかグラタン
じゃがいもと鮭のグラタン

材料（作りやすい分量）

じゃがいも…2個（正味260g）
鮭フレーク…大さじ2
ホワイトソース…大さじ6
ピザ用チーズ…30g

保存のコツ
チーズをのせ、焼く前の状態で保存容器に入れて冷蔵庫へ。

★保存期間
冷蔵 3～4日間
冷凍 NG

作り方

1 じゃがいもは皮をむいて1cm厚さのいちょう切りにし、耐熱容器に入れ、ふんわりラップをして電子レンジで4分ほど加熱する。
2 1、鮭フレーク、ホワイトソースを合わせてアルミカップに詰め、チーズをのせる。
3 当日オーブントースターで焼いてお弁当箱に詰める。

調理のコツ じゃがいもは熱湯でゆでてももちろんOK。ホワイトソースとあえるときは、水けをよく拭き取ること。アルミカップもお弁当箱に合うジャストサイズを選んで。

＼スープジャーで作る／
ほっこりスープレシピ

スープジャーがひとつあると本当に便利。アツアツのスープを入れてお弁当に添えれば、充実したランチが楽しめます。朝、スープジャーに刻んだ材料をひと煮して入れれば、保温効果でランチタイムには食べ頃になります。

スープジャーの手順

1 切る → **2 ひと煮してスープジャーに入れる** → **3 放置する**

材料は同じ大きさになるように小さめに切る。

鍋でひと煮立ちさせ、スープジャーに入れる。

蓋をして、そのまま3時間おいておく。

具だくさんスープをお弁当の一品に
レンズ豆スープ

159kcal

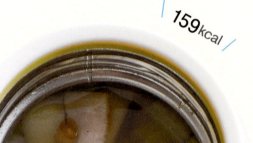

材料（1人分）
- じゃがいも…50g
- にんじん…30g
- セロリ…30g
- ベーコン…1枚
- レンズ豆…大さじ1
- A
  - 水…250㎖
  - コンソメスープの素（顆粒）…小さじ½
  - 塩…ひとつまみ
  - こしょう…少々

作り方

1. じゃがいも、にんじん、セロリは1cm角、ベーコンは1cm幅に切る。レンズ豆はさっと洗う。
2. 鍋に1、Aを入れてひと煮立ちさせ、スープジャーに移し、蓋をする。
3. そのまま3時間おいて、できあがり。

POINT
レンズ豆はゆでなくても、そのままスープでひと煮してスープジャーに入れておくと、ちょうどよい固さに。じゃがいも、にんじん、セロリは大きさを1cm角に大きさを揃えると均一に火が通ります。

ダイエットにも最適！ ヘルシーな春雨料理！
春雨スープ

材料（1人分）

春雨…10g
むきえび…2尾
にら…30g
もやし…30g

A ┌ 水…250㎖
　│ 鶏ガラスープの素
　│ 　（顆粒）…小さじ1
　│ ナンプラー…小さじ1
　│ 赤唐辛子（小口切り）
　│ 　…ひとつまみ
　└ こしょう…少々

作り方

1. 春雨は熱湯にくぐらせて洗う。むきえびは背ワタを取り除き、にらは3cm幅に切る。もやしはひげ根を取り除く。
2. 鍋に1、Aを入れてひと煮立ちさせ、スープジャーに移す。
3. そのまま3時間おいて、できあがり。

POINT
にらやもやしはシャキシャキとした食感が残り、えびにもじっくり火が通るのでプリプリした食感に。

みそ汁に卵を入れて食べる頃にできあがり！
卵みそ汁

材料（1人分）

乾燥わかめ…1g
万能ねぎ
　…2～3本（10g）
だし汁…200㎖
みそ…小さじ2
卵…1個

作り方

1. 乾燥わかめは水につけてもどす。万能ねぎは小口切りにする。
2. 鍋にだし汁を温め1を入れる。煮立ったら火を止めてみそを溶き、スープジャーに移す。
3. 室温にもどした卵を割り入れる（3時間ほどで半熟になる）。蓋をしてそのまま3時間おいて、できあがり。

POINT
卵は常温にもどしてからスープに加えると、スープ自体をぬるくせず、アツアツのままおいしくいただけます。ランチタイムには半熟卵になって食べ頃になります。

 231kcal

かぼちゃスープ
かぼちゃの甘みでほっとやすらぐ

材料（1人分）
- かぼちゃ…100g
- A
  - 牛乳…200ml
  - コンソメスープの素（顆粒）…小さじ½
  - 塩…ひとつまみ
  - こしょう…少々

作り方
1. かぼちゃは種と皮を取り除き、1cm角に切る。
2. 鍋に1、Aを入れて煮立たせ、スープジャーに移して蓋をとする。
3. そのまま3時間おいて、できあがり。食べる直前によくふり、かぼちゃを少し崩してからいただく。

POINT
かぼちゃは1cm角に切っておくと、昼頃にはやわらかく火が通っています。食べる前には、スプーンでつぶして混ぜながらいただきましょう。

 264kcal

トマトペンネ
パスタ料理もスープジャーで

材料（1人分）
- ペンネ…20g
- 玉ねぎ…20g
- キャベツ…30g
- ウインナーソーセージ…2本
- A
  - トマトジュース（無塩）…250ml
  - コンソメスープの素（顆粒）…小さじ½
  - 塩…少々

作り方
1. 玉ねぎ、キャベツは1cm角に切り、ソーセージは1cm幅に切る。
2. 鍋に1、Aを入れて煮立たせ、スープジャーに移し、ペンネを加えて蓋をする。
3. そのまま3時間おいて、できあがり。

POINT
ペンネはスープジャーに入れておけば、ランチの頃にはほどよく火が通ります。玉ねぎやキャベツは、ソーセージと同じ大きさに切ることもポイント。

＼スープジャーで作る／ ごはんものレシピ

チーズリゾット
やわらかリゾットはやさしい味わい

176kcal

材料（1人分）
- しめじ…30g
- 玉ねぎ…20g
- ベーコン…1枚
- 米…大さじ1
- A
  - 水…250mℓ
  - コンソメスープの素（顆粒）…小さじ½
  - 塩…少々
  - こしょう…少々
- 粉チーズ…大さじ2

作り方
1. しめじは石づきを切り落としてほぐし、玉ねぎはみじん切りにする。ベーコンは1cm幅に切る。米はさっと洗う。
2. 鍋に1、Aを入れて煮立たせる。スープジャーに移し、粉チーズをふってひと混ぜし、蓋をする。
3. そのまま3時間おいて、できあがり。

中華粥
食欲がないときでもおいしく食べられる

158kcal

材料（1人分）
- きくらげ…2g
- 干しえび…2g
- しいたけ…1枚
- 温かいごはん…80g
- A
  - 水…250mℓ
  - 鶏ガラスープの素（顆粒）…小さじ½
  - 塩…小さじ¼
  - こしょう…少々
  - ごま油…少々

作り方
1. きくらげは小さく割り、干しえびはさっと洗う。しいたけは薄切りにする。
2. 鍋に1、Aを入れて煮立たせ、スープジャーに移し、ごはんを加えて蓋をする。
3. そのまま3時間おいて、できあがり。

鶏雑炊
鶏のうまみがごはんにしみ込んで美味

283kcal

材料（1人分）
- 鶏もも肉…30g
- 白菜…20g
- 長ねぎ…20g
- 温かいごはん…80g
- A
  - だし汁…250mℓ
  - 塩…小さじ¼
- 卵…1個

作り方
1. 鶏肉は小さめの一口大に切る。白菜は3cm幅に切り、繊維に沿って1cm幅に切る。長ねぎは1cm幅の小口切りにする。
2. 鍋に1、Aを入れて煮立たせる。スープジャーに移し、ごはんを加え、割りほぐした卵を回し入れ、ひと混ぜして蓋をする。
3. そのまま3時間おいて、できあがり。

作りおき弁当

副菜おかずの作りおきポイント

野菜や海藻、乾物で作るビタミン、ミネラルたっぷりの
サブおかずを作りおきしておくと便利です。
少しでもおいしく長持ちする秘訣をおさえましょう。

1. 野菜は1個、½個、1束など使い切る単位で

野菜は中途半端な分量ではなく、1個、1束、½個など使い切りやすい単位で作るといいでしょう。本書のレシピも作りやすい分量で紹介しています。レシピの分量で作るとだいたいお弁当の4回分ぐらいが目安です。

2. 酢やレモン汁、梅干しを利用して長持ちさせる

保存性を高める食材や調味料を利用すると長持ちします。酢やレモン汁はサラダやマリネ、梅干しはあえ物や煮物などに利用しましょう。また、3％ほどの塩で生野菜をよくもむと長期保存が可能になります。

3. 汁けはしっかり飛ばしておくのが基本

炒め物を作るときは、汁けをしっかり飛ばしておくのがポイント。汁けが残っていると、傷みやすくなるので食中毒の原因にも。また、汁けのある煮物や炒め煮はお弁当箱に詰めるときに、きちんと汁をきるのが基本。

4. 味・調理法が重ならないように考えて作りおき

 \炒める/
 \あえる/
 \煮る/
 \漬ける/

お弁当のおかずは、同じ味が重なると塩分のとりすぎに、同じ調理法だと油のとりすぎ、物足りなさにつながります。「炒める」「あえる」「煮る」「漬ける」などの中から組み合わせてみましょう。

5. 色別に揃えておくとキレイ

お弁当の彩りは、野菜のサブおかずでととのえられます。一度に作りおきするなら、味、調理法の他に「赤」「緑」「黄」「茶」「白」を意識して作ってみるといいでしょう。お弁当の彩りがグンとよくなります。

ベース野菜をアレンジ！

ベース野菜＊1
塩ゆでブロッコリー

ブロッコリーを1株買ってきたら、小房に分けて塩ゆでするだけ。まとめてストックしておくといろいろ使えて便利です。

作り方

ブロッコリー1株は小房に分け、1ℓに対して小さじ1の塩を加えた湯で、1分30秒〜2分ゆでる。水にはさらさず、ザルにあげて自然に冷ます。

保存のコツ
ゆでたら粗熱をとり、保存容器に入れて上にペーパータオルをのせてから蓋をして。

★**保存期間**
冷蔵 3〜4日間
冷凍 2週間

カレー粉がスパイシー！

ブロッコリーカレーマヨ焼き　28kcal

材料（1人分）
塩ゆでブロッコリー…40g
マヨネーズ…小さじ½
カレー粉…ひとつまみ

作り方
1 アルミカップに塩ゆでブロッコリーを入れ、マヨネーズ、カレー粉をかける。
2 オーブントースターで3分ほど焼く。

カルシウムも一緒に摂れる！

ブロッコリーとオイルサーディンの炒め物　108kcal

材料（1人分）
塩ゆでブロッコリー…80g
オイルサーディン…2枚
オリーブ油…小さじ1
A［ 塩・こしょう…各少々
　　しょうゆ…小さじ½ ］

作り方
1 オイルサーディンはほぐす。
2 フライパンにオリーブ油を中火で熱し、1、塩ゆでブロッコリーを炒め、Aで調味する。

塩ゆでブロッコリーをアレンジ

くるみの歯応えがアクセント

ブロッコリーくるみあえ　167kcal

材料（1人分）
塩ゆでブロッコリー…80g
くるみ…20g
A ┌ しょうゆ…小さじ1
　└ はちみつ…小さじ⅓

作り方
1 くるみは砕き、フライパンで炒る。
2 ボウルにA、1を入れて混ぜ合わせ、塩ゆでブロッコリーを加えてあえる。

ごま油と一味唐辛子で韓国風に

ブロッコリーのナムル　40kcal

材料（1人分）
塩ゆでブロッコリー…50g
A ┌ ごま油…小さじ½
　│ しょうゆ…小さじ⅓
　│ 一味唐辛子…少々
　│ 白すりごま…小さじ½
　└ 刻みのり…適量

作り方
ボウルにAを合わせ、塩ゆでブロッコリーを加えてあえる。

彩りきれいなボリュームサラダ

ブロッコリーと卵のサラダ　152kcal

材料（1人分）
ゆで卵…1個
塩ゆでブロッコリー…50g
粒マスタード…小さじ½
マヨネーズ…小さじ2

作り方
1 ゆで卵は殻をむいて食べやすい大きさに崩す。
2 ボウルに塩ゆでブロッコリー、1、粒マスタード、マヨネーズを入れてあえる。

ほんのり酸味が効いたサブおかず

ブロッコリーのごま酢しょうゆあえ　44kcal

材料（1人分）
塩ゆでブロッコリー…80g
A ┌ 白いりごま…小さじ½
　│ 酢…小さじ1
　│ 砂糖・しょうゆ…各小さじ½
　└ 塩…少々

作り方
ボウルにAを合わせ、塩ゆでブロッコリーを加えてあえる。

ベース野菜をアレンジ！

ベース野菜*2
塩ゆで青菜

小松菜やほうれん草は、比較的傷みやすい野菜。買ってきたら1束分をまとめてゆでておくと、保存性が高まります。

作り方
小松菜（またはほうれん草など）1束は塩を加えた熱湯で1分ほどゆで、抗菌作用のある酢を少々加えた冷水にとって水けをしっかりと絞る。

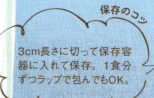
保存のコツ
3cm長さに切って保存容器に入れて保存。1食分ずつラップで包んでもOK。

★ 保存期間
冷蔵 3～4日間
冷凍 2週間

オイスターソースのコクが濃厚

青菜のオイスターソース炒め　94kcal

材料（1人分）
- 塩ゆで青菜（小松菜）…80g
- ハム…1枚
- ごま油…小さじ1
- オイスターソース…小さじ1

作り方
1 ハムは半分に切り、1cm幅に切る。
2 フライパンにごま油を中火で熱し、1、塩ゆで青菜を炒め、オイスターソースで調味する。

サーモンのうまみが青菜にしみわたる

青菜とサーモンのソテー　73kcal

材料（1人分）
- 塩ゆで青菜（ほうれん草）…80g
- スモークサーモン…1枚
- オリーブ油…小さじ½
- バター…3g
- 塩・こしょう…各少々

作り方
1 スモークサーモンは細切りにする。
2 フライパンにオリーブ油、バターを中火で熱する。1、塩ゆで青菜を炒め合わせ、塩、こしょうで味をととのえる。

塩ゆで青菜をアレンジ

シンプルなおひたしは万能おかず

青菜のおひたし 34kcal

材料(1人分)
塩ゆで青菜(ほうれん草)…80g
A ┌ 麺つゆ(3倍濃縮)…小さじ1
　 └ 水…小さじ2
かつお節…少々
白すりごま…少々

作り方
ボウルにAを合わせ、塩ゆで青菜を10分ほど浸し、汁けを軽くきる。かつお節、すりごまをのせる。

炒り卵を加えるので栄養も満点

青菜の卵あえ 58kcal

材料(1人分)
塩ゆで青菜(ほうれん草)…60g
溶き卵…½個分
A ┌ しょうゆ…小さじ½強
　 └ 砂糖…小さじ½

作り方
1 熱したフライパンに溶き卵を流し入れて炒り卵を作る。
2 ボウルに塩ゆで青菜と、1を入れて、Aであえる。

わさびの効いたマヨネーズが青菜によく合う!

青菜のわさびマヨあえ 94kcal

材料(1人分)
塩ゆで青菜(小松菜)…80g
ちくわ…1本
A ┌ マヨネーズ…小さじ2
　 │ 練りわさび…小さじ½
　 └ 塩…少々

作り方
1 ちくわは5mm幅の小口切りにする。
2 ボウルに塩ゆで青菜と1を入れて、Aであえる。

油揚げのうまみが青菜を引き立てます

青菜と油揚げのあえ物 47kcal

材料(1人分)
油揚げ…¼枚
塩ゆで青菜(小松菜)…80g
ポン酢しょうゆ…小さじ1½

作り方
1 油揚げはオーブントースターで焼き、短冊に切る(フライパンの場合はヘラなどで押さえつけるようにして焼く)。
2 ボウルに塩ゆで青菜、1、ポン酢しょうゆを入れてあえる。

ベース野菜をアレンジ！

ベース野菜＊3
塩ゆでグリーンアスパラガス

グリーンアスパラガスもお弁当向きの食材。まとめてゆでて保存しておけば、いろいろなサブおかずに利用できます。

作り方
グリーンアスパラガス2束（8本）は、根元のかたい部分を切り落とし、はかまをピーラーで取る。塩適量を加えた熱湯で1分ほどゆで、冷水にとって保存容器に入れる。

保存のコツ
粗熱がとれたら保存容器に入れ、ペーパータオルを上にかぶせ、蓋をして冷蔵庫または冷凍庫で保存。

＊保存期間
冷蔵 3～4日間
冷凍 2週間

じゃこの食感がアクセント

アスパラガスのじゃこ炒め　67kcal

材料（1人分）
塩ゆでグリーンアスパラガス…2本（80g）
ちりめんじゃこ…小さじ2
ごま油…小さじ1
ゆずこしょう…小さじ1/4
塩…少々

作り方
フライパンにごま油を中火で熱し、ちりめんじゃこを炒める。3cm幅の斜め切りにした塩ゆでアスパラガスを加えて炒め合わせ、ゆずこしょう、塩で味をととのえる。

ごまの風味がアスパラの甘さを引き立てる

アスパラガスのごまあえ　63kcal

材料（1人分）
塩ゆでグリーンアスパラガス…50g
A［ 白練りごま…小さじ1
　　白すりごま…小さじ1/2
　　砂糖…小さじ1/2
　　薄口しょうゆ…小さじ1/2 ］

作り方
ボウルにAを混ぜ合わせ、3cm幅の斜め切りにした塩ゆでアスパラガスを加えてあえる。

塩ゆでグリーンアスパラガスをアレンジ

のりの佃煮であえるだけでうまみアップ！

アスパラガスのり佃煮あえ 24kcal

材料（1人分）
塩ゆでグリーンアスパラガス…2本（80g）
のり佃煮…小さじ1

作り方
1 塩ゆでアスパラガスは3cm長さに切り、太い部分は縦半分に切る。
2 ボウルに1、のり佃煮を入れてあえる。

ラー油のピリ辛風味がクセになる

アスパラガスのピリ辛みそ炒め 43kcal

材料（1人分）
塩ゆでグリーンアスパラガス…2本（80g）
ラー油…少々
A［みそ…小さじ½／砂糖…小さじ½／みりん…小さじ½］

作り方
1 塩ゆでアスパラガスは2cm幅の斜め切りにする。
2 フライパンにラー油を熱し、1を中火で炒め、合わせたAをからめる。

普段のマリネにハーブの香りをつけて

アスパラガスのハーブマリネ 31kcal

材料（1人分）
塩ゆでグリーンアスパラガス…50g
A［ハーブ塩…少々／オリーブ油…小さじ½／レモン汁…小さじ½］

作り方
ボウルにAを混ぜ合わせ、2cm幅の斜め切りにした塩ゆでアスパラガスを加えてあえる。

いつものバター炒めにクミンをプラス！

アスパラガスのクミンバター炒め 82kcal

材料（1人分）
塩ゆでグリーンアスパラガス…2本（80g）
バター…5g
オリーブ油…小さじ1
クミン・塩…各少々

作り方
塩ゆでアスパラガスは3cm長さに切る。フライパンにバター、オリーブ油、クミンを入れて中火で熱し、1を炒め、塩で調味する。

ベース野菜をアレンジ！

ベース野菜＊4
塩もみキャベツ

キャベツを細切りにして塩もみしておくと、長期保存も可能です。保存するときは、水けをしっかり絞ることをお忘れなく。

作り方
キャベツ（250g）は5mm〜1cm幅の細切りにし、塩小さじ½で塩もみしてから水けを絞り、保存容器に入れる（サラダ油小さじ½、酢小さじ½を加えると乾燥を防げる）。

保存のコツ
水けをしっかり絞ったら、保存容器に入れて蓋をして冷蔵庫に保存して。

★保存期間
冷蔵 3〜4日間
冷凍 NG

ごま油が香る甘酸っぱい春雨サラダ

キャベツ春雨サラダ　70kcal

材料（1人分）
塩もみキャベツ…50g
春雨…5g、カニ風味かまぼこ…1本
乾燥わかめ…1g
A ┌ ごま油…小さじ½
　│ 酢…小さじ½
　│ しょうゆ…小さじ½
　│ 砂糖…ひとつまみ
　└ 白いりごま…小さじ½

作り方
1 春雨は熱湯でもどし、ざく切りにする。カニかまぼこは半分に切ってほぐす。乾燥わかめは水につけてもどす。
2 ボウルにAを混ぜ合わせ、1、塩もみキャベツを加えてあえる。

しらすの塩けが効いたシンプルな一品

キャベツのしらすあえ　25kcal

材料（1人分）
塩もみキャベツ…80g
しらす干し…小さじ2
しょうゆ…小さじ½

作り方
ボウルにすべての材料を入れてあえる。

塩もみキャベツをアレンジ

> とろりと半熟の卵がからんでまろやか

キャベツココット　126kcal

材料（1人分）
塩もみキャベツ…60g
ベーコン…1/2枚
卵…1個
トマトケチャップ…適量

作り方
1 ベーコンは1cm幅に切る。
2 塩もみキャベツ、ベーコンを合わせてアルミカップに入れ、卵を割り落とす。
3 オーブントースター（または230℃のオーブン）で7分ほど焼く。
4 トマトケチャップをかける。

> レモンの酸味を加えてさっぱりいただける

ツナサラダ　30kcal

材料（1人分）
塩もみキャベツ…80g
ツナ缶…大さじ1
A［ レモン汁…小さじ1/2
　　塩・こしょう…各少々 ］

作り方
ボウルに塩もみキャベツ、汁けをきったツナ、Aを入れてあえる。

> お肉で巻くと存在感ある副菜に

キャベツ肉巻き　138kcal

材料（1人分）
塩もみキャベツ…40g
豚薄切り肉（しゃぶしゃぶ用）…2〜3枚
サラダ油…小さじ1/2
A［ しょうゆ…小さじ1
　　みりん…小さじ1 ］

作り方
1 豚肉を広げ、塩もみきゃべつをのせてクルクルと巻く。
2 フライパンにサラダ油を中火で熱し、1を巻き終わりを下にして並べて焼きつけ、転がしながら焼く。
3 合わせたAを加えて煮からめる。

> パスタを入れるからボリュームも満点

キャベツパスタサラダ　159kcal

材料（1人分）
塩もみキャベツ…50g
スパゲッティ…10g
ハム…1枚
ホールコーン…大さじ1
マヨネーズ…小さじ2
粗びき黒こしょう…少々

作り方
1 スパゲッティは1/3に折り、塩を加えた熱湯でゆでてから、冷水でしめる。
2 ハムは半分に切り、5mm幅に切る。
3 ボウルに塩もみキャベツ、水けをきった1、2、コーン、マヨネーズ、粗びき黒こしょうを入れてあえる。

ベース野菜をアレンジ！

ベース野菜＊5
塩もみきゅうり

きゅうりはまとめていろいろな形に切って、塩もみして保存しておくと便利。あえ物やサラダにアレンジできます。

作り方
きゅうり2本は、小口切り、拍子木切り、乱切り、またはたたくなどし、塩小さじ½で塩もみして水けを絞り、酢少々を加えて混ぜる。

保存のコツ
塩もみしたら、しっかり水けを絞って、酢少々を加え、保存容器に入れて冷蔵庫で保存を。

★保存期間
冷蔵 3～4日間
冷凍 NG

ごま油の風味が食欲をそそる

きゅうりの塩昆布あえ　40kcal

材料（1人分）
塩もみきゅうり（乱切り）…80g
塩昆布…1g
ごま油…小さじ½
白いりごま…小さじ½

作り方
ボウルにすべての材料を入れて混ぜる。

ピリリとした山椒が甘みを引き立てる

きゅうりの山椒あえ　36kcal

材料（1人分）
塩もみきゅうり（乱切り）…80g
A［ サラダ油…小さじ½
　　酢…小さじ1
　　しょうゆ…小さじ½
　　砂糖…ひとつまみ ］
B［ 粉山椒・塩…各ひとつまみ ］

作り方
1 ボウルにAを混ぜ合わせ、塩もみきゅうりを加えてあえる。
2 器に盛り、合わせたBをふる。

塩もみきゅうりをアレンジ

七味の辛さがクセになる

きゅうりの中華風あえ　33kcal

材料（1人分）
塩もみきゅうり（小口切り）…80g
A［ごま油…小さじ½
　　七味唐辛子…少々
　　しょうゆ…小さじ½
　　酢…小さじ½］

作り方
ボウルにAを混ぜ合わせ、塩もみきゅうりを加えてあえる。

しょうがの風味がアクセント

きゅうりのしょうがあえ　40kcal

材料（1人分）
乾燥わかめ…1g
塩もみきゅうり（小口切り）…80g
A［しょうがのすりおろし…小さじ⅓
　　ごま油…小さじ½
　　しょうゆ…小さじ⅔
　　砂糖…小さじ½］

作り方
1 乾燥わかめは水につけてもどし、水けを絞る。
2 ボウルにAを混ぜ合わせ、塩もみきゅうり、1を加えてあえる。

辛みが効いた韓国風サラダ

きゅうりコチュジャンサラダ　56kcal

材料（1人分）
塩もみきゅうり（乱切りかたたき）…80g
A［コチュジャン…小さじ1
　　ごま油…小さじ½
　　白すりごま…小さじ½
　　酢…小さじ½］

作り方
ボウルにAを混ぜ合わせ、塩もみきゅうりを加えてあえる。

梅肉であえるから傷みも心配なし

きゅうりの梅あえ　40kcal

材料（1人分）
鶏ささみ…30g
塩もみきゅうり（小口切り）…50g
梅肉…小さじ1

作り方
1 鶏ささみは熱湯でゆでてほぐす（筋はゆでる前に取り除くか、ほぐしながら取り除く）。
2 ボウルに塩もみきゅうり、1、梅肉を入れてあえる。

サブおかず 炒める

食物繊維が豊富なおかずの代表
きんぴらごぼう

材料（作りやすい分量）

ごぼう…200g
ごま油…小さじ2
赤唐辛子（小口切り）
　…ひとつまみ
A ┃ しょうゆ…小さじ2½
　 ┃ みりん…小さじ2½
白いりごま…適量

作り方

1. ごぼうは皮をこそげて細切りにする。
2. フライパンにごま油を熱し、赤唐辛子、1を炒める。3分ほど炒めたら合わせたAを加えて煮からめる。
3. 白ごまをふる。

★保存期間　冷蔵 2〜3日間　冷凍 2週間　　65kcal

カレー風味がシャキシャキれんこんにぴったり！
れんこんカレーきんぴら

材料（作りやすい分量）

れんこん…200g
ごま油…小さじ2
A ┃ しょうゆ…小さじ2
　 ┃ みりん…小さじ2
　 ┃ カレー粉…小さじ½

作り方

1. れんこんは5mm厚さのいちょう切り（細めのものであれば半月でも）にする。
2. フライパンにごま油を熱し、1を炒める。火が通ってきたらAを加えて煮からめる。

調理のコツ　れんこんは皮をむいて切ったら、一度水にさらしておきましょう。炒めるときは水けをしっかり拭き取り、れんこんが透き通るまで炒め、調味料を加えて。

★保存期間　冷蔵 2〜3日間　冷凍 2週間　　62kcal

セロリのさわやかな風味がお口直しに
セロリのきんぴら

材料（作りやすい分量）

セロリ…2本
ごま油…小さじ1
赤唐辛子（小口切り）
　…ひとつまみ
A ┃ しょうゆ…小さじ2
　 ┃ みりん…小さじ2
　 ┃ 塩…ひとつまみ
白いりごま…適量

作り方

1. セロリは筋を取って3cm長さの細切りにする。
2. フライパンにごま油、赤唐辛子を熱し、1を炒める。
3. Aを加えて煮からめる。白ごまをふる。

★保存期間　冷蔵 2〜3日間　冷凍 NG　　29kcal

炒めるおかず

低カロリーの代表格しらたきを使って
しらたききんぴら

材料（作りやすい分量）

しらたき…200g
ごま油…小さじ1
赤唐辛子（小口切り）
　…ひとつまみ
A ┌ しょうゆ…小さじ2
　└ みりん…小さじ2

作り方

1 しらたきはざく切りにし、熱湯で2分ほどゆでてアク抜きをする。
2 フライパンにごま油、赤唐辛子を熱し、1を炒める。しらたきの水分が飛んでプリッとしてきたらAを加えて煮からめる。

22kcal ★保存期間 冷蔵 2〜3日間 冷凍 NG

バターレモンとさつまいもの甘みがよく合う
さつまいものバターレモンきんぴら

材料（作りやすい分量）

さつまいも
　…1本（200g）
レモン（できれば国産のもの）
　輪切り…2枚
バター…10g
サラダ油…小さじ1
A ┌ しょうゆ…大さじ1
　├ みりん…大さじ1
　└ カレー粉…小さじ½
黒いりごま…適量

作り方

1 さつまいもは皮つきのまま細切りにする。
2 レモンは半月切りにする。
3 フライパンにバター、サラダ油を熱し、1を炒める。火が通ってきたら2、Aを加えて煮からめる。黒ごまをふる。
4 レモンを取り除いて保存容器に移す。

114kcal ★保存期間 冷蔵 2〜3日間 冷凍 2週間

バルサミコの酸味が味を引き締める
エリンギとベーコンのバルサミコ炒め

材料（作りやすい分量）

エリンギ
　…1パック（100g）
ベーコン…1枚
オリーブ油…小さじ2
A ┌ バルサミコ酢
　│　…小さじ2
　├ しょうゆ…小さじ1
　└ 塩・こしょう…各少々

作り方

1 エリンギは3cm長さの薄切りにする。ベーコンは5mm幅に切る。
2 フライパンにオリーブ油を熱し、1を炒め、Aで調味する。

43kcal ★保存期間 冷蔵 2〜3日間 冷凍 2週間

サブおかず **炒める**

明太子の辛みがにんじんの甘みをさらに引き出す
にんじんの明太子炒め

材料（作りやすい分量）

にんじん
　…小2本（200g）
明太子…1本（40g）
オリーブ油…小さじ2
A ┌ しょうゆ…小さじ1
　├ みりん…小さじ1
　├ 塩…ひとつまみ
　└ こしょう…少々

作り方

1. にんじんは細切りにする。
2. 明太子は薄皮からしごき出してほぐす。
3. フライパンにオリーブ油を中火で熱し、1を炒める。しんなりしたら、2を加え、Aで調味する。

★保存期間　冷蔵 2〜3日間　冷凍 2週間　　54kcal

おつまみにもよさそうな大人の味
しし唐のじゃこ炒め

材料（作りやすい分量）

しし唐辛子…20本
ちりめんじゃこ…20g
ごま油…大さじ1
A ┌ しょうゆ…小さじ2
　├ みりん…小さじ2
　└ こしょう…少々

作り方

1. しし唐辛子は爪楊枝で数か所穴をあける。
2. フライパンにごま油を熱し、ちりめんじゃこを弱火でカリッとするまで2分ほど炒め、1を加えて炒め合わせる。
3. 合わせたAを加えてからめる。

★保存期間　冷蔵 2〜3日間　冷凍 NG　　52kcal

里いもとみその組み合わせが懐かしい味
里いものみそ炒め

材料（作りやすい分量）

里いも…正味300g
ごま油…小さじ2
A ┌ みそ…小さじ1
　├ みりん…小さじ1
　├ 一味唐辛子…少々
　├ しょうゆ…小さじ1/2
　└ 砂糖…小さじ1/2

作り方

1. 里いもは皮をむいて1cm厚さに切る。ラップで包み電子レンジで3分30秒加熱する。
2. フライパンにごま油を中火で熱し、1を炒める。火が通ったら、合わせたAを加えて煮からめる。

★保存期間　冷蔵 2〜3日間　冷凍 NG　　71kcal

炒めるおかず

万能調味料麺つゆで忙しい朝もかんたん
玉ねぎ麺つゆ炒め

材料（作りやすい分量）

玉ねぎ…大1個（200g）
サラダ油…小さじ2
鶏ひき肉…50g
A ┌ 麺つゆ（3倍濃縮）
　│　　…小さじ2
　└ 水…大さじ2

作り方

1. 玉ねぎは2cm幅のくし形に切る。
2. フライパンにサラダ油を中火で熱し、ひき肉、1の順に加えて炒め合わせる。玉ねぎに火が通ったら、合わせたAを加えて汁けがなくなるまで煮る。

51kcal　★保存期間　冷蔵 2〜3日間　冷凍 2週間

おかかをからめるだけでうまみが出る
たけのこおかか炒め

材料（作りやすい分量）

ゆでたけのこ…200g
ごま油…小さじ1
塩…ひとつまみ
しょうゆ…小さじ2
かつお節…5g

作り方

1. ゆでたけのこは穂先は縦に、根元は横に5mm厚さに切る。
2. フライパンにごま油を中火で熱し、1を炒める。塩、しょうゆを入れ、かつお節を加えてからめる。

調理のコツ　ゆでたけのこは、パックから出したら、一度水でよく洗いましょう。水けをよく拭き取り、油がまわるまで炒めて調味して。

31kcal　★保存期間　冷蔵 2〜3日間　冷凍 NG

オイスターソースでコクが出ておいしい
じゃがいもとソーセージのオイスターソース炒め

材料（作りやすい分量）

じゃがいも…200g
ウインナーソーセージ
　…2本
ごま油…小さじ2
A ┌ オイスターソース
　│　　…小さじ2
　│ しょうゆ…小さじ½
　└ 塩・こしょう…各少々

作り方

1. じゃがいもは皮をむいて細切りにする。
2. ソーセージは斜め薄切りにする。
3. フライパンにごま油を中火で熱し、1、2を炒める。火が通ったらAで味をととのえる。

92kcal　★保存期間　冷蔵 2〜3日間　冷凍 NG

サブおかず 煮る

★保存期間 冷蔵 3〜4日間　冷凍 NG　　22kcal

ローカロリーで見栄えもいい一品
手綱こんにゃく

材料（作りやすい分量）

こんにゃく（1cm厚さ）…1枚
A［ だし汁…150㎖
　　しょうゆ…大さじ1
　　みりん…大さじ1 ］
かつお節…5g

作り方

1. こんにゃくは、塩をふってもみ洗いし、熱湯で2分ほどゆでる。
2. こんにゃくの中央に切り込みを入れ、片方の端を穴にくぐらせ、手綱こんにゃくを作る。
3. 鍋に2、Aを合わせ、落とし蓋をして中火で15分ほど、汁けが少なくなるまで煮含める。
4. 軽く汁けをきって、かつお節をまぶす。

★保存期間 冷蔵 3〜4日間　冷凍 2週間　　39kcal

たっぷりとうまみがしみ込んだ煮物
切り干し大根の煮物

材料（作りやすい分量）

切り干し大根…20g
にんじん…40g
しいたけ…2枚
ちりめんじゃこ…5g
A［ だし汁…300㎖
　　しょうゆ…大さじ1
　　みりん…大さじ1 ］

作り方

1. 切り干し大根は水につけてもどし、よく洗う。
2. にんじんは細切り、しいたけは薄切にする。
3. 鍋に1、2、ちりめんじゃこ、Aを入れ、落とし蓋をして中火で10分ほど、煮汁が少なくなるまで煮含める。

日々の鉄分・カルシウム不足を補える
ひじき煮

材料（作りやすい分量）

芽ひじき…20g
大豆（水煮）…50g
にんじん…40g
さやいんげん…3本
A［ だし汁…300㎖
　　しょうゆ…大さじ1½
　　みりん…大さじ1½
　　砂糖…小さじ1 ］

作り方

1. ひじきは水につけてもどして洗い、水けを絞る。
2. にんじんは細切りにする。いんげんは筋とヘタを取り、斜め薄切りにする。
3. 鍋に1、2のにんじん、大豆、Aを入れる。落とし蓋をして中火で15分ほど煮含める。いんげんを加えて余熱で火を通す。

★保存期間 冷蔵 3〜4日間　冷凍 NG　　54kcal

油揚げのうまみが大根にしみ込む
大根の煮物

材料（作りやすい分量）

大根…300g
油揚げ…1枚
A［ だし汁…300mℓ
　　しょうゆ…大さじ1
　　みりん…大さじ1 ］

作り方

1 大根は皮をむき、2cm厚さのいちょう切りにする。
2 油揚げは熱湯を回しかけて油抜きし、横半分に切ってから1cm幅に切る。
3 鍋に1、2、Aを入れ、落とし蓋をして中火で10分ほど、煮汁が少なくなるまで煮含める。

58kcal ★保存期間 冷蔵 3〜4日間 冷凍 NG

ほっくりかぼちゃの定番おかず
かぼちゃの煮物

材料（作りやすい分量）

かぼちゃ…¼個（正味400g）
A［ 砂糖…大さじ2
　　みりん…大さじ2
　　しょうゆ…大さじ1
　　塩…小さじ⅓ ］

作り方

1 かぼちゃは種とワタを取り除く。3cm角に切り、面取りをする（ところどころ皮をむくと味がしみ込みやすく、食べやすくなる）。
2 鍋に1を皮を下にして並べ、ひたひたの水（1カップ程度・分量外）を加える。落とし蓋をして強火にかけ、煮立ったらAを加えて弱火で15分ほど、煮汁が少なくなるまで煮る。

133kcal ★保存期間 冷蔵 3〜4日間 冷凍 NG

必ず摂りたい緑黄色野菜をツナで食べやすく
いんげんツナ煮

材料（作りやすい分量）

さやいんげん…200g
ツナ缶…小1缶（70g）
A［ 水…200mℓ
　　しょうゆ…小さじ2
　　みりん…小さじ2 ］

作り方

1 いんげんは筋とヘタを取り、3cm長さに切る。
2 鍋に1、ツナ（汁ごと）、Aを入れ、落とし蓋をして中火で10分ほど、煮汁が少なくなるまで煮る。

調理のコツ いんげんを色よく煮るなら、下ゆでして水にとってから煮ても。そのまま煮た方が食感はやわらかくなります。

33kcal ★保存期間 冷蔵 3〜4日間 冷凍 NG

煮るおかず

サブおかず **煮る**

★保存期間 冷蔵 3〜4日間　冷凍 NG　114kcal

甘くてホクホク！昔懐かしい煮物
じゃがいもの煮っころがし

材料（作りやすい分量）

じゃがいも…小3個
A [だし汁…200ml / しょうゆ…大さじ1½ / 砂糖…大さじ½ / みりん…大さじ1]
バター…10g

作り方

1 じゃがいもは皮をむいて一口大に切る。
2 鍋に1、Aを入れる。落とし蓋をし、中火で10分ほど煮る。
3 じゃがいもに火が通り、煮汁が少なくなってきたら、余分な煮汁は捨て、バターを加えて鍋をふって味をなじませる。

★保存期間 冷蔵 3〜4日間　冷凍 NG　93kcal

だしを含んだ高野豆腐がジューシーでおいしい
高野豆腐の煮物

材料（作りやすい分量）

高野豆腐…3枚
さやいんげん…3本
にんじん…2cm
A [だし汁…300ml / 薄口しょうゆ…大さじ1 / みりん…大さじ1 / 砂糖…小さじ1 / カレー粉…小さじ½]

作り方

1 高野豆腐は水につけてもどし、絞り洗いする。4等分に切る。
2 いんげんは筋とヘタを取り、4等分の斜め切りにする。にんじんは5mm厚さの輪切りにし、花型で抜く。
3 鍋に1、2のにんじん、Aを入れて落とし蓋をして中火で10分ほど煮含める。さらにいんげんを加えて2分ほど煮る。

★保存期間 冷蔵 3〜4日間　冷凍 NG　54kcal

しょうがの風味が里いもの甘さを引き立てる
里いものしょうがみそ煮

材料（作りやすい分量）

里いも…正味250g
だし汁…300ml
A [しょうゆ…小さじ2 / みりん…大さじ1 / 砂糖…小さじ2]
みそ…小さじ2
しょうがの絞り汁…小さじ1

作り方

1 里いもは皮をむき、食べやすく切って面取りをする。よく洗ってぬめりを取る。
2 鍋に1、だし汁を入れて落とし蓋をする。強火にかけ、煮立ったら中火で5分ほど煮る。
3 Aを加えて落とし蓋をし、中火で5分ほど煮る。竹串を刺してスーッと通ったら、みそ、しょうがの絞り汁を加えて混ぜ火を止める。

食物繊維豊富なごぼうをベーコンで食べやすく
ごぼうの黒酢煮

材料（作りやすい分量）

ごぼう…200g
ベーコン…2枚
ごま油…小さじ1
A［鶏ガラスープ…200mℓ
　　黒酢…小さじ2
　　しょうゆ…小さじ2
　　砂糖…小さじ1］

作り方

1 ごぼうは長めの乱切りにし、ベーコンは1cm幅に切る。
2 鍋にごま油を熱し、1を炒める。全体に油が回ったらAを加えて落とし蓋をし、中火で10分ほど、煮汁が少なくなるまで煮る。

82kcal ★保存期間 冷蔵3〜4日間 冷凍2週間

ゆずこしょうの風味で箸がすすむ一品
れんこんのゆずこしょう煮

材料（作りやすい分量）

れんこん…1節（200g）
A［だし汁…200mℓ
　　薄口しょうゆ…大さじ1
　　みりん…大さじ1
　　砂糖…小さじ1
　　酒…大さじ1
　　ゆずこしょう…小さじ½］

作り方

1 れんこんは皮をむいて乱切りにする。
2 鍋に1、Aを入れる。落とし蓋をして中火で15分ほど、煮汁が少なくなるまで煮含める。

調理のコツ れんこんは皮をむいたら、一度水にさらして。あえ物などに使うときは白さを保つために酢水につけますが、煮物のときは水につけるだけでOK。

55kcal ★保存期間 冷蔵3〜4日間 冷凍2週間

梅干しと長いもは相性抜群!!
長いもの梅煮

材料（作りやすい分量）

長いも…250g
梅干し…4個
A［だし汁…200mℓ
　　薄口しょうゆ…小さじ2
　　みりん…小さじ2］

作り方

1 長いもは皮をむき、1cm厚さのいちょう切りにする。
2 鍋に1、梅干し、Aを入れ、落とし蓋をして中火で10分ほど煮る。
3 煮汁ごと保存する。

53kcal ★保存期間 冷蔵3〜4日間 冷凍2週間

煮るおかず

サブおかず **あえる**

青のりを加えていつもと違う和風味に
和風ポテトサラダ

材料（作りやすい分量）

じゃがいも…300g
A[塩…小さじ⅓ / こしょう…少々 / 酢…小さじ2]
黒すりごま…小さじ2
青のり…小さじ1
マヨネーズ…大さじ1

作り方

1 じゃがいもは皮をむいて一口大に切り、耐熱ボウルに入れて電子レンジで5分加熱する。
2 熱いうちにつぶし、Aを加えて混ぜ合わせる。
3 粗熱がとれたらごま、青のり、マヨネーズを加えて混ぜる。

★保存期間　冷蔵 2〜3日間　冷凍 2週間　88kcal

栄養たっぷりの乾物をサラダにして
切り干し大根サラダ

材料（作りやすい分量）

切り干し大根…20g
さやいんげん…4本
カニ風味かまぼこ…4本
A[酢…小さじ2 / しょうゆ…小さじ2 / サラダ油…小さじ1 / 塩・こしょう…各少々]

作り方

1 切り干し大根は水につけてもどし、ざく切りにする。熱湯で2分ほどゆで、ザルにあげて水けを絞る。
2 いんげんは塩を加えた熱湯で1分ほどゆで、斜め切りにする。カニかまはほぐす。
3 ボウルにAを混ぜ合わせ、1、2を加えてあえる。

★保存期間　冷蔵 3〜4日間　冷凍 NG　36kcal

しょうがとポン酢であっさりといただける
えのきと刻み昆布のポン酢しょうが

材料（作りやすい分量）

えのきだけ…1袋（100g）
刻み昆布…10g
しょうがのすりおろし…1片分
A[ポン酢しょうゆ…大さじ1½ / ごま油…小さじ1]

作り方

1 えのきだけは根元を切り落とし、半分に切ってほぐす。熱湯でさっとゆで、水けを絞る。
2 刻み昆布は水につけてもどし、ざく切りにする。熱湯でさっとゆでて水けを絞る。
3 ボウルにAを混ぜ合わせ、1、2、しょうがを加えてあえる。

★保存期間　冷蔵 3〜4日間　冷凍 NG　22kcal

ごまマヨのコクと甘みで食べやすい
にらと豆苗のごまマヨあえ

材料（作りやすい分量）

にら…100g
豆苗…100g
A ┌ 白すりごま…小さじ2
　├ マヨネーズ…小さじ1
　├ ごま油…小さじ½
　├ しょうゆ…小さじ½
　├ 塩…小さじ¼
　└ こしょう…少々

作り方

1 にら、豆苗は3cm長さに切る。合わせて耐熱ボウルに入れ、ラップをかけて電子レンジで2分加熱する。粗熱がとれたら水けを絞る。
2 ボウルに1を入れ、Aを加えてあえる。

34kcal　★保存期間　冷蔵 2～3日間　冷凍 NG

ほくほくのカリフラワーにサクサク桜えびが合う
カリフラワーの桜えびあえ

材料（作りやすい分量）

カリフラワー…200g
A ┌ 桜えび…5g
　├ しょうゆ…小さじ1
　└ 酢…小さじ¼

作り方

1 カリフラワーは小房に分け、大きな房は半分に切る。塩を加えた熱湯でゆで、ザルにあげて水けをきる。
2 粗熱がとれたら、Aを加えてあえる。

調理のコツ　カリフラワーを白くゆでたいときは、小麦粉やお酢を入れてゆでるといい。新鮮なカリフラワーは熱湯に塩を入れるだけでも。

19kcal　★保存期間　冷蔵 3～4日間　冷凍 NG

不足しがちな緑黄色野菜がたっぷり摂れる
パプリカのオイスターソースあえ

材料（作りやすい分量）

パプリカ（赤・黄）…各½個
チンゲン菜…100g
A ┌ オイスターソース…小さじ2
　├ しょうゆ…小さじ1
　├ 砂糖…小さじ½
　└ ごま油…小さじ½

作り方

1 パプリカは縦半分に切ってから、横に5mm幅に切る。チンゲン菜は3cm幅に切る。
2 1を合わせて耐熱ボウルに入れてラップをかけ、電子レンジで2分加熱する。
3 2の粗熱がとれたら水けを絞り、ボウルに入れ、Aを加えてあえる。

23kcal　★保存期間　冷蔵 3～4日間　冷凍 NG

サブおかず **あえる**

★保存期間 冷蔵 3～4日間 冷凍 2週間　48kcal

ピリリとしたしょうがみそが効いた一品
きのことささみのしょうがみそあえ

材料（作りやすい分量）

鶏ささみ…2本
しいたけ…4枚
えのきだけ
　…1袋（100g）
A [しょうがの
　すりおろし
　　…小さじ½
みそ…小さじ2½
砂糖…小さじ1
しょうゆ…小さじ1]

作り方

1 鶏ささみは筋を取り除き、酒少々（分量外）を加えた湯でゆで、食べやすく裂く。
2 しいたけは薄切り、えのきだけは根元を切り落とし、半分の長さに切ってほぐす。熱湯でさっとゆで、ザルにあげて水けを絞る。
3 ボウルにAを混ぜ合わせ、1、2を加えてあえる。

★保存期間 冷蔵 3～4日間 冷凍 NG　144kcal

かぼちゃの甘みをサラダで楽しむ
かぼちゃサラダ

材料（作りやすい分量）

かぼちゃ…300g
ベーコン…2枚
玉ねぎ…¼個
マヨネーズ…大さじ2
クミン…小さじ⅓
塩…小さじ⅓
こしょう…少々

作り方

1 かぼちゃは種とワタを取り除いて一口大に切る。ベーコンは1cm幅に切る。
2 玉ねぎは薄切りにし、塩をふって軽くもみ、水けが出てきたら絞る。
3 1は耐熱ボウルに入れてラップをかけ、電子レンジで4分加熱する。
4 熱いうちにつぶし、クミン、塩、こしょうをふる。
5 粗熱がとれたら2、マヨネーズを加えて混ぜ合わせる。

★保存期間 冷蔵 3～4日間 冷凍 NG　40kcal

レモンの香りがさわやかなサラダ
いんげんとえびのサラダ

材料（作りやすい分量）

さやいんげん…100g
むきえび…60g
玉ねぎ…¼個
A [オリーブ油
　　…小さじ2
塩…適量
粗びき黒こしょう
　…少々
レモン汁
　…小さじ1]

作り方

1 いんげんは、2cm幅に切る。塩を加えた熱湯で1分ほどゆで、ザルにあげて、そのまま冷ます。
2 えびは背ワタを取り除き、半分に切る。熱湯で2分ほどゆで、ザルにあげて水けをきる。
3 玉ねぎは横半分に切り、薄切りにする。塩をふって軽くもみ、水けが出てきたら絞る。
4 1、2、3を合わせ、Aを加えてあえる。

あえるおかず

ディルがなければパセリでもOK
豆のマリネ

材料（作りやすい分量）
ミックスビーンズ（水煮）
　…200g
玉ねぎ…¼個
ハム…2枚
ディル…3本
A ┌ 白ワインビネガー
　│ 　…大さじ2
　│ 塩…小さじ⅓
　└ こしょう…少々

作り方
1 玉ねぎはみじん切りにし、塩をふってもむ。水けが出てきたら絞る。
2 ハムは1cm角に切り、ディルは粗めに刻む。
3 ボウルに1、2、ミックスビーンズを入れ、Aであえる。

101kcal　★保存期間　冷蔵 2〜3日間　冷凍 2週間

やわらかいなすにバルサミコの酸味がベストマッチ！
なすのバルサミコマリネ

材料（作りやすい分量）
なす…2本
オリーブ油…大さじ1
A ┌ バルサミコ酢
　│ 　…大さじ1
　│ はちみつ…小さじ1
　│ しょうゆ…小さじ1
　│ 塩…ふたつまみ
　└ こしょう…少々

作り方
1 なすはヘタを落とし、1cm厚さの輪切りにする。
2 鍋にAを合わせてひと煮立ちさせ、粗熱をとる。
3 フライパンにオリーブ油を中火で熱し、1を焼く。両面こんがりと焼けたらボウルに入れ、2を加えてあえる。

44kcal　★保存期間　冷蔵 3〜4日間　冷凍 NG

ねぎは焼くことで甘さが倍増して美味
焼き長ねぎのマリネ

材料（作りやすい分量）
長ねぎ…2本
オリーブ油…小さじ2
A ┌ レモン汁…小さじ2
　│ 塩…小さじ⅓
　│ 粗びき黒こしょう
　│ 　…少々
　└ しょうゆ…小さじ½

作り方
1 長ねぎは4cm長さのぶつ切りにする。
2 フライパンにオリーブ油を熱し、1を焼く。こんがりと焼けたら蓋をして弱火で5分ほど蒸し焼きにする。
3 熱いうちにAを加えて混ぜ合わせる。

34kcal　★保存期間　冷蔵 3〜4日間　冷凍 NG

サブおかず
漬ける

油を含んだなすはジューシーでうまみが凝縮！
なすの揚げ漬け

材料（作りやすい分量）

なす…3本、揚げ油…適量
A
- にんにく（みじん切り）…小さじ½
- しょうが（みじん切り）…小さじ½
- 鶏ガラスープ…200㎖
- しょうゆ…大さじ2
- 酢…大さじ1
- 砂糖…小さじ1
- 豆板醤…小さじ1

作り方

1 ボウルにAをよく混ぜ合わせておく。
2 なすは1.5cm厚さの輪切りにし、170℃に熱した揚げ油で素揚げする。油をきり、1に漬ける。

★保存期間　冷蔵 2～3日間　冷凍 NG　86kcal

揚げることで旨味をギュッと閉じ込める
きのこの揚げ漬け

材料（作りやすい分量）

しいたけ…1パック（6～8枚）
しめじ…1パック
A
- しょうゆ…大さじ2
- みりん…大さじ2
- 酢…大さじ1
- 赤唐辛子（小口切り）…ひとつまみ
- にんにく（薄切り）…½片分

揚げ油…適量

作り方

1 しいたけは4等分に切り、しめじは石づきを切り落としてほぐす。
2 鍋にAを合わせてひと煮立ちさせる。
3 1を170℃に熱した揚げ油で素揚げする。油をきり、2に漬ける。

★保存期間　冷蔵 2～3日間　冷凍 NG　118kcal

素揚げしたかぼちゃの甘みが濃厚
かぼちゃの揚げ漬け

材料（作りやすい分量）

かぼちゃ…¼個（300g）
しょうが…1片
A
- 赤唐辛子（種を取る）…1本
- しょうゆ…大さじ1
- 酢…大さじ1
- 砂糖…大さじ½
- 酒…大さじ½
- だし汁…200㎖

揚げ油…適量

作り方

1 かぼちゃは5mm厚さに切り、3cm幅に切る。
2 しょうがはせん切りにしてボウルに入れ、Aを加える。
3 1を170℃に熱した揚げ油で素揚げする。油をきり、2に漬ける。

★保存期間　冷蔵 2～3日間　冷凍 NG　109kcal

冬は特に甘みが増しておいしい
かぶの土佐酢漬け

材料（作りやすい分量）

かぶ…3個（360g）
A ┌ 酢…大さじ4
　├ 薄口しょうゆ
　│　…大さじ1½
　├ 砂糖…大さじ1
　└ かつお節…5g
塩…小さじ¼

作り方

1 かぶは茎を少し残して葉を切り落とし、皮をむいて8等分のくし形切りにする。
2 鍋にAを合わせてひと煮立ちさせ、こし器でこす。
3 ボウルに1を入れ、塩をふって軽くもむ。水けが出たら拭き取り、2を加えて漬ける。

33kcal　★保存期間　冷蔵 3〜4日間　冷凍 NG

独特の風味のごぼうに山椒の香りが合う
ごぼうの山椒漬け

材料（作りやすい分量）

ごぼう…1本
A ┌ しょうゆ…大さじ1
　├ 酢…小さじ2
　├ 昆布だし…大さじ1
　├ 砂糖…小さじ1
　└ 粉山椒…小さじ¼

作り方

1 ごぼうは皮をこそげ取り、4cm長さに切る。太い部分は縦半分に切る。
2 熱湯で1分ほどゆで、ボウルに合わせたAに漬ける。

調理のコツ 最近のごぼうはあまりアクがないので、水にさらさなくても大丈夫。そのままゆでてから漬けましょう。味がしみ込みやすくなります。

32kcal　★保存期間　冷蔵 3〜4日間　冷凍 2週間

切り込みを入れると味がよくなじむ
蛇腹きゅうりのピリ辛漬け

材料（作りやすい分量）

きゅうり…2本
塩…小さじ¼
しょうが…1片
A ┌ ごま油…大さじ1½
　├ 赤唐辛子（小口切り）
　│　…ひとつまみ
　├ 酢…小さじ1
　├ しょうゆ…小さじ1
　└ 砂糖…小さじ½

作り方

1 きゅうりは斜めに切り込みを両面に入れる。3cm幅に切り、塩をふって軽くもむ。
2 しょうがは細切りにする。
3 ボウルに1、2を入れ、Aを加えて漬ける。

52kcal　★保存期間　冷蔵 3〜4日間　冷凍 NG

サブおかず **漬ける**

★保存期間 冷蔵 4〜5日間 冷凍 NG　11kcal

レモンの酸味がさわやかに香る
セロリのレモン漬け

材料(作りやすい分量)

セロリ…200g(2本)
塩…小さじ½
A ┌ レモン(できれば国産のもの)輪切り…1枚
　├ 白ワインビネガー…小さじ2
　├ 赤唐辛子(種を取る)…1本
　└ 砂糖…小さじ½
粗びき黒こしょう…少々

作り方

1 セロリは筋を取り、乱切りにする。ポリ袋などに入れて塩をふり、Aを加えてよくもみ、口を閉じる。
2 蓋なしの保存容器にいれ、上にある程度重さのあるトマト缶などの重しをのせて冷蔵庫で半日漬ける。

★保存期間 冷蔵 4〜5日間 冷凍 NG　65kcal

みその風味がほっと落ち着く和風味
にんじんのみそ漬け

材料(作りやすい分量)

にんじん…1本
A ┌ みそ…大さじ3
　└ みりん…大さじ2

作り方

1 にんじんは1cm厚さの輪切りにし、太い部分は半月切りにする。
2 ボウルにAを合わせ、1を加えて冷蔵庫でひと晩以上漬ける。お弁当箱に詰めるとき、みそを軽くぬぐって詰める。

> **調理のコツ**　みそとみりんがあれば、切った野菜を漬けて即席漬けができます。にんじんの他にきゅうり、大根、ごぼうもよく合います。

★保存期間 冷蔵 4〜5日間 冷凍 NG　20kcal

定番のピクルスは箸休めに最適
ズッキーニのピクルス

材料(作りやすい分量)

ズッキーニ…200g(大きめ1本または小さめ2本)
A ┌ 白ワインビネガー…100mℓ
　├ にんにく(薄切り)…1片分
　├ 砂糖…大さじ2
　├ 塩…小さじ½
　├ 粒こしょう…小さじ½
　├ 昆布だし…100mℓ
　└ ローリエ…1枚

作り方

1 ズッキーニは4cm長さに切り、縦4つ割りにする。
2 鍋にAを合わせてさっと煮立たせ、粗熱をとる。
3 1を熱湯にさっとくぐらせ、水けをきってから2に加えて、冷蔵庫でひと晩漬ける。

ひじきとパプリカのピクルス

ビタミン、ミネラルがいっぱいのさっぱりおかず

材料（作りやすい分量）
- 芽ひじき…15g
- パプリカ（赤・黄）…各½個
- A
  - 白ワインビネガー…100mℓ
  - 水…100mℓ
  - 砂糖…大さじ2
  - 塩…小さじ⅔
  - しょうゆ…小さじ1
  - 赤唐辛子（種を取る）…1本

作り方
1. 鍋にAを合わせてひと煮立ちさせ、粗熱をとる。
2. ひじきは水につけてもどし、熱湯でさっとゆでてから水けを絞る。
3. パプリカは縦半分に切り、ヘタと種を取って横に5mm幅に切る。熱湯にさっとくぐらせ、水けをきる。
4. 1に2、3を加え、冷蔵庫で1時間ほど漬ける。

28kcal ★保存期間 冷蔵 4〜5日間 冷凍 NG

カリフラワーの甘酢漬け

歯応えのあるカリフラワーに唐辛子がアクセント

材料（作りやすい分量）
- カリフラワー…小1株（300g）
- A
  - 昆布…3cm
  - 赤唐辛子（種を取る）…1本
  - 酢…50mℓ
  - 砂糖…大さじ3
  - 塩…小さじ1

作り方
1. カリフラワーは小房に分ける。大きな房は半分〜⅓程度に切る。
2. 1を熱湯でさっとゆで、合わせたAに加え、冷蔵庫で半日漬ける（保存用ポリ袋などに入れて漬けると、全体に味がよくなじむ）。

36kcal ★保存期間 冷蔵 4〜5日間 冷凍 NG

きゅうりと香味野菜漬け

香味野菜の風味が口いっぱいに広がる

材料（作りやすい分量）
- きゅうり…2本
- みょうが…3個
- 青じそ…3枚
- しょうが…1片
- 塩…小さじ½
- A
  - 酢…大さじ½
  - 昆布…3cm
  - 赤唐辛子（種を取る）…1本

作り方
1. きゅうりは乱切りにする。みょうが、青じそ、しょうがはせん切りにする。
2. ボウルに1を入れ、塩をふってさっともみ、Aを加えてラップをして、ある程度重さのあるトマト缶などの重しをのせて冷蔵庫で半日漬ける。

11kcal ★保存期間 冷蔵 4〜5日間 冷凍 NG

漬けるおかず

お助け！レンチンおかず

もやしのシャキシャキ感がクセになる
もやしナムル
56kcal

電子レンジで **1分！**

材料（1人分）
もやし 100g
A [にんにくのすりおろし・こしょう 各少々
　　ごま油 小さじ1、しょうゆ 小さじ½
　　塩 ひとつまみ]

作り方
1 もやしはひげ根を取って洗い、耐熱ボウルに入れ、ラップをかけて電子レンジで1分加熱する。
2 1の粗熱をとってから水けを絞り、Aを加えてあえる。

ベーコン巻きは大人も子供も大好き
玉ねぎベーコン巻き
66kcal

電子レンジで **2分！**

材料（1人分）
玉ねぎ（1cm厚さの輪切り）1枚、ベーコン 1枚

作り方
1 玉ねぎは半分に切り、半分に切ったベーコンを巻いて爪楊枝でとめる。
2 耐熱皿に並べ、ラップをかける。電子レンジで2分加熱する。

ごまとポン酢の絶妙なハーモニー
白菜のごまポン酢
77kcal

電子レンジで **2分！**

材料（1人分）
白菜 100g
A [ごま油・白すりごま 各小さじ1
　　ポン酢しょうゆ 小さじ2]

作り方
1 白菜は1cm幅に切る。さっと水にくぐらせ、耐熱ボウルに入れてラップをかけ、電子レンジで2分加熱する。
2 粗熱をとってから水けを絞り、Aを加えてあえる。

作りおきおかずを使い切ってしまった！と冷蔵庫を開けて気づいたときは、電子レンジで簡単にできるお助けおかずで乗り切りましょう。サブおかずはもちろん、肉や卵料理もレンチンで5分以内で作れます！

ヤングコーンをおかかで和風味に
ヤングコーンのおかかバター

62kcal

電子レンジで30秒！

材料（1人分）
ヤングコーン（水煮）4本、バター 5g、かつお節 3g、しょうゆ 小さじ½

作り方
1 ヤングコーンは斜め半分に切り耐熱ボウルに入れる。バターをのせてラップをかけ、電子レンジで30秒加熱する。
2 1にかつお節、しょうゆを加えてあえる。

マヨチーズがからんでおいしい
じゃがいもときのこのマヨチーズ

61kcal

電子レンジで1分！

材料（1人分）
じゃがいも 50g、しめじ 20g
A ┌ 粉チーズ・マヨネーズ 各小さじ½
　└ 塩・こしょう 各少々
青のり 少々

作り方
1 じゃがいもは細切り、しめじは石づきを切り落としてほぐし、耐熱ボウルに入れる。Aを加えて混ぜ合わせる。
2 ふんわりとラップをかけて電子レンジで1分加熱する。取り出して青のりをふる。

オクラのねばねばには疲労回復効果もあり！
オクラちくわ

42kcal

電子レンジで20秒！

材料（1人分）
オクラ 2本、ちくわ 小1本

作り方
1 オクラは塩をふって板ずりし、さっと洗ってからラップで包み、電子レンジで20秒加熱する。
3 粗熱がとれたら、ヘタを切り落としてから、ちくわに詰め、4等分に切る。

シャキシャキの食感を残したおかず
肉巻きセロリ
265kcal

電子レンジで
2分30秒!

材料（1人分）
セロリ 80g、豚ロース薄切り肉 4枚、塩 小さじ¼、こしょう 少々、白ワイン 小さじ1、しょうゆ 小さじ½バター 5g

作り方
1. セロリは筋を取って4cm長さの細切りにする。
2. 豚肉を広げて塩、こしょうをふり、セロリを4等分に分けてのせ、端からクルクルと巻く。
3. 巻き終わりを下にして耐熱皿などにのせ、白ワイン、しょうゆをふってバターをのせラップをかける。
4. 電子レンジで2分30秒加熱する。粗熱がとれたら半分に切る。

材料（1人分）
卵 1個、麺つゆ（ストレートタイプ）小さじ1、サラダ油 少々

作り方
1. ボウルに卵を割りほぐし、麺つゆを加えてよく混ぜる。
2. 蓋つきの耐熱容器に薄くサラダ油を塗り、1を注ぐ。軽く蓋をのせて電子レンジで30秒加熱する。一度取り出し、混ぜ合わせ、蓋を軽くのせてさらに20秒加熱する。熱いうちに巻きすにのせて巻き、粗熱がとれたら、食べやすい大きさに切る。

かんたんにレンジで卵焼き
レンジ卵焼き
87kcal

電子レンジで
30秒→20秒!

薄切り肉も肉厚の満足感のあるおかずに
豚薄切り肉で角煮風
456kcal

電子レンジで
2分!

材料（1人分）
豚バラ薄切り肉 4枚（100g）
A [しょうゆ・みりん・酒 各小さじ2
    しょうがの絞り汁 小さじ1]
片栗粉 小さじ2

作り方
1. ボウルにAを合わせ、豚肉を加えてからめる。軽く汁けをきって広げ、茶こしなどで片栗粉を薄くふる。端から3cm幅程度にパタパタと折りたたむ。
2. 耐熱皿に並べ、残ったAをかける。ラップをふんわりとかけ、電子レンジで2分加熱する。

カレーだってレンジでできちゃいます
ひき肉カレー
223kcal

電子レンジで**2分**！

材料（1人分）
合びき肉・ミックスビーンズ（水煮）各50g、フライドオニオン 大さじ1
ジンジャーパウダー・ガーリックパウダー 各少々、カレー粉 小さじ1½、コンソメスープの素（顆粒）小さじ½、トマトピューレ 大さじ3、塩 小さじ⅓、こしょう 少々

作り方
1. 耐熱ボウルにすべての材料を入れ、よく混ぜてからラップをかける。電子レンジで1分加熱し、一度取り出してよく混ぜてから、再びラップをして電子レンジで2分加熱する。
2. 好みでごはん、パン、ナンをなどを添える。

明太子とチーズがささみと相性抜群！
ささみの明太子チーズロール
191kcal

電子レンジで**3分30秒**！

材料（1人分）
鶏ささみ 2本、明太子 15g、スライスチーズ 1枚、塩 少々、青じそ 2枚、酒 小さじ1

作り方
1. 鶏ささみは筋を取り除き、すりこぎなどでたたいて薄くのばす。
2. 明太子は薄皮からしごき出す。スライスチーズは2等分に切る。
3. 1に塩をふり、青じそ、チーズ、明太子の順にのせ、端からクルクルと巻いて爪楊枝でとめる。
4. 耐熱皿に並べて酒をふり、ラップをかける。電子レンジで3分30秒加熱する。粗熱がとれたら半分に切る。

ヘルシーでかんたんなロールキャベツ
キャベツロール
237kcal

電子レンジで**1分→4分**！

材料（1人分）
キャベツ 2枚、合びき肉 80g、長ねぎ 10g、しょうが ½片
A [片栗粉・砂糖・しょうゆ 各小さじ½
    みそ・みりん 各小さじ1

作り方
1. キャベツは芯を削ぎ落とす。水にくぐらせて耐熱皿にのせ、ラップをかけて電子レンジで1分加熱する。
2. 長ねぎ、しょうがはみじん切りにしてボウルに入れ、ひき肉、Aを加えて練り合わせ、2等分にしてまとめる。
3. 1で2を包み、巻き終わりを下にして耐熱皿に並べる。ラップをかけて電子レンジで4分加熱する。粗熱がとれたら半分に切る。

＼0分でできる！／
詰めるだけ！すきま食材

作りおきおかずを組み合わせて詰めるとき、少しすきまが空いていたり、あともう一品欲しい…というときにあると便利な詰めるだけのすきま食材。「彩り」「食べ応え」「酸味」の3つに分けて、おすすめの食材を紹介します。

彩りをプラス！

ミニトマト

お弁当のワンポイントの差し色として、必ず常備しておきたい野菜。

ゆでブロッコリー

ゆでブロッコリーはカサもあり、お弁当箱に詰めやすい形が特徴。

ゆでアスパラガス

水分が出ない野菜として、使いやすい食材。まとめてゆでて保存を。

ゆで枝豆

冷凍枝豆を常備しておくと便利。詰めるときは、一度ゆでて粗熱をとって。

ゆでにんじん

オレンジ色は食欲を増進させる効果あり。まとめてゆでておいて。

食べ応えをプラス!

チーズ
物足りないと思ったら、カルシウム満点のチーズをお弁当箱に詰めて。

ウインナーソーセージ
一度表面をさっとあぶって、粗熱をとったらお弁当箱に詰めて。

ハム
クルクルと丸めて。スライスチーズと一緒に巻いても◎。なるべく加熱すること。

かまぼこ
かまぼこはお弁当箱には便利。傷みやすいので炒めるなど、なるべく加熱して。

ちくわ
きゅうりをちくわの穴に差し込んで、詰めるだけだから、簡単!

ゆでうずらの卵
ピックで2個ほど刺して、お弁当箱のすきまに詰めるとアクセントに。

酸味をプラス!

漬け物
酸味のある漬け物は、保存性を高めるのでお弁当箱にプラスして。

ピクルス
洋風のおかずのときは、ピクルスをカップに詰めて入れても。

作りおきで朝詰めるだけ！お弁当

パパッとおいしい！ ワンディッシュ弁当＊1

ガパオ風炒めごはん弁当

たまにはタイ風炒めごはんをメインにしたお弁当はいかがですか？
炒めごはんには、サブおかずを2品詰めるだけでOK。
物足りないときは、かた焼きの目玉焼きを上にのせるといいでしょう。

Total
543 kcal

いんげんとえびのサラダ
40kcal →P132
プリプリのえびといんげんのサラダは彩りに。エスニックのメニューに合うサブメニュー。

キャベツのしらすあえ
25kcal →P118
スパイスの効いた炒めごはんは、キャベツのしらすあえでさっぱりといただけます。

組み合わせポイント ちょっとピリ辛のごはんには あっさりとしたサブおかずがピッタリ
赤唐辛子とナンプラーが効いたエスニック炒めごはんは、ピリ辛なうえ、塩分も多め。一緒に盛り合わせるなら、あっさりとした味のサブおかずを選ぶのがベスト。少し甘めのおかずを選ぶのも箸休めになってバランスがよくなります。

ガパオ風炒めごはん
478kcal →P155
鶏ひき肉と赤パプリカ、バジルを一緒に炒めているから、栄養バランスも満点。

パパッとおいしい！ ワンディッシュ弁当＊2

ボリューム満点！ 焼きそば弁当

えびと豚肉が入ったオイスターソース味の本格焼きそば。
組み合わせるなら、シャキシャキした食感のセロリやきゅうりを選ぶといいでしょう。
食べ応えが増し、満足度もアップします。

Total 667 kcal

セロリのきんぴら 29kcal →P122
ピリッと赤唐辛子が効いた、みずみずしいきんぴらを添えて。

きゅうりの中華風あえ 33kcal →P121
塩もみしたきゅうりをアレンジ。詰めるときは一番最後がベスト。

焼きそば 605kcal →P158
えびや豚肉のたんぱく質がしっかり入った栄養満点焼きそば。

組み合わせポイント　たんぱく質がしっかり入った麺料理には野菜のサブおかずを

えびや豚肉など具だくさんの焼きそばなら、それだけで栄養満点。一緒に詰めるなら、食感のいいセロリやさわやかなきゅうりのサブおかずがおすすめ。ぬるくなるとおいしくないので、焼きそばの粗熱が完全にとれてから詰めましょう。

作りおきで朝詰めるだけ！お弁当

パパッとおいしい！ ワンディッシュ弁当＊3

野菜たっぷり！ナポリタン弁当

スパゲッティのお弁当も人気。ナポリタンなら、野菜をたくさん使って栄養バランスをととのえるのがベスト。ソーセージのたんぱく質もたっぷりと。つけ合わせはブロッコリーやカリフラワーでボリュームアップ。

Total **659** kcal

ナポリタン 595kcal →P160
ズッキーニや玉ねぎ、ソーセージがたっぷり入った具だくさんタイプ。

ブロッコリーカレーマヨ焼き 28kcal →P112
ゆでブロッコリーをストックしておけば、いろいろアレンジできて便利。

カリフラワーの甘酢漬け 36kcal →P137
ナポリタンはケチャップ味でこってりしているので、甘酢漬けとの相性◎。

組み合わせポイント パスタだけだと物足りないなら食べ応えのある組み合わせで
具だくさんパスタとはいえ、それだけだと物足りないもの。パスタはオイルを多めに使っているから、組み合わせるなら、ブロッコリーやカリフラワーなど、ボリュームのある副菜を選んで。カレーマヨソースや甘酢漬けなど、味にもバリエーションをつけると満足できます。

パパッとおいしい！ ワンディッシュ弁当＊4

カフェ風ベーグルサンド弁当

学校や職場に持って行くと、うらやましがられるカフェ風弁当。
ベーグルにマリネチキンをはさんでフルーツと一緒に詰めれば、
ビタミンカラーが元気でヘルシーな印象を与えてくれます。

Total
508 kcal

組み合わせポイント

ベーグルサンドには色とりどりの野菜やフルーツを添えて

マリネチキンとグリーンカール、玉ねぎスライスを重ねたベーグルサンドは、それだけでもボリューム満点なので、組み合わせるなら小さい野菜のおかずかフルーツを。彩りもキレイなうえ、ビタミンもたっぷり補給できる、女子が喜ぶお弁当です。

**マリネチキンの
ベーグルサンド**
336kcal →P164

はさむ具は別にして、食べるときに重ねてもOK。ベーグルはラップで包むとかたくなりません。

ミニトマト1個
3kcal

フルーツ 43kcal
サンドイッチには、フレッシュフルーツを添えてビタミン補給を。

キャベツココット
126kcal →P119
塩もみキャベツをカップに入れ、卵を落として焼くだけの手軽な一品。

147

作りおき弁当

主食の
おいしい作り方

主食は基本的には作りおきはしませんが、主食を作るときや詰める際の注意点を覚えておきましょう。ごはんのおいしい詰め方、おにぎりのおいしい握り方、麺やパンなどの水っぽくならないコツをおさえて。

1. 白ごはんは温かいうちにふんわりと詰める

白ごはんは粗熱がとれてから詰める、と思いがちですが、ふんわり温かいごはんを一番最初にお弁当箱に詰め、そのままおいて粗熱をとるのがベスト。温かいものをお弁当箱に詰めてから、冷まして粗熱をとったほうが、形がととのえられます。

2. おにぎりは、やや冷めたごはんを握る

おにぎりをおいしく作るコツは、炊きたてのアツアツのごはんより、ほんの少し冷めたぐらいの温かいごはんを握るのがベスト。あまりに熱いごはんはやけどの原因にも。温度が下がりすぎると握りにくくなるので注意して。

3. 混ぜごはんや炒めごはんは水の出ない具を使う

混ぜごはんや炒めごはんの具は、水分の少ない野菜を選ぶのがコツ。パプリカやピーマン、いんげんをはじめ、コーン、にんじん、絹さやなどの野菜を使うとおいしく仕上がります。のりやかつお節など水分を吸ってくれる食材もおすすめです。

4. パスタなどの麺料理は、具と麺をしっかり炒める

パスタなどの麺料理は、汁けがあるまま仕上げてしまうと液モレや傷む原因になります。しっかりと具と麺を炒め、水分をしっかり飛ばしておくこと。ただ、麺類は時間が経つと乾燥してパサパサになってしまうので、オイルは少し多めに。

5. サンドイッチの具は余分な水分をしっかりとること

サンドイッチなどを作るときに一番気をつけたいことは、具の水分をしっかりと拭き取ること。水けが残ったままの具をはさむと、パンが水っぽくなりおいしくありません。はさむ具材を洗ったら、ペーパータオルでしっかり水けを拭き取りましょう。

主食 おにぎり

おにぎりのおいしい握り方を覚えよう！

＊おにぎり1個（茶碗1杯）につきごはんは100gです。

1 茶碗を水でぬらす

茶碗を2個用意し、ごはんを入れる前に茶碗の内側を、水でぬらしておく。ごはんが茶碗にくっつかずにすむ。

2 ごはんを入れる

温かいごはんを茶碗に1杯分入れる。茶碗でおにぎりを形づくるときは、炊きたてのごはんでもOK。

3 茶碗をふる

もう一つの茶碗をかぶせて、両手でおさえながら、上下に茶碗をふって形づくる。

4 手塩をする

手を水でぬらしてから、2本の指に塩をとり、片方の手のひらにつけて両手をこする。

5 指でくぼみをつくる

3のごはんを手にとり、具を入れるときは真ん中に指でくぼませる。

6 具を入れる

梅干しや鮭などのひとかたまりの具をくぼみに入れる。

7 三角に握る

ごはんを包み込むようにして具にごはんをかぶせ、手を三角の形にして握る。

完成！

お好みで焼きのりを巻いて。

おにぎりカタログ

あなたは具を包む派？ それとも混ぜる派？ 定番の具から、ユニークな具までを12点紹介。毎日のおにぎりを作るのが楽しくなること間違いなし！

ツナみそマヨおにぎり　1個分／187kcal

材料（3個分）／ごはん 300g
A（ツナ缶 大さじ3、みそ 小さじ1½、マヨネーズ 小さじ½）、焼きのり（3切）3枚

作り方／Aを混ぜ合わせ、ごはんで握り、焼きのりを巻く。

＼みそを入れることでコクが増します／

梅わかめおにぎり
1個分／128kcal

＼梅とわかめの相性バツグン！定番のおいしさ／

材料（3個分）／ごはん 300g
梅肉 大さじ1
乾燥わかめ（混ぜごはん用）3g

作り方／梅肉、乾燥わかめをごはんに混ぜて握る。

青じそ＋ごま塩おにぎり
1個分／140kcal

＼ごはんを包んだ青じそがアクセントに／

材料（3個分）／ごはん 300g
黒いりごま 大さじ1、青じそ 3枚、塩 適量

作り方／ごまを混ぜたごはんを手塩をして握り、青じそで包む。

塩昆布＋ごまおにぎり
1個分／178kcal

材料（3個分）／ごはん 300g
塩昆布 10g、白いりごま 適量

作り方／塩昆布を混ぜたごはんを握り、ごまをまぶす。

＼塩昆布を混ぜてごまをまぶすかんたんおいしい／

丸形の握り方！

丸形のおにぎりは、右手をかぶせてごはんを包み込んでキュッと力を入れ、人差し指と親指で丸形を描きながら全体を丸く握って。

主食 おにぎり

焼きたらこおにぎり　1個分／150kcal

材料（3個分）／ごはん300g
たらこ 1本、焼きのり（3切）3枚、塩 適量

作り方／❶たらこは3等分に切り、オーブントースターで5分ほど焼く。❷手塩をしてごはんをのせ、❶をのせて握り、焼きのりを巻く。

＼火を通せば衛生面も安心／

ザーサイ&ハムおにぎり　1個分／207kcal

材料（3個分）／ごはん 300g
A（味つけザーサイ〈粗みじん切り〉大さじ1、ハム〈粗みじん切り〉2枚分、黒いりごま 小さじ2、万能ねぎ〈小口切り〉大さじ1）、塩 適量

作り方／❶ごはんにAを混ぜ合わせる。❷手塩をして❶のごはんを握る。

＼うまみたっぷりのザーサイとハムはごはんによく合う／

＼揚げ玉と紅しょうがの異なった食感が楽しい／

揚げ玉おにぎり　1個分／171kcal

材料（3個分）／ごはん 300g
A（揚げ玉 大さじ1、紅しょうが〈粗みじん切り〉大さじ1、万能ねぎ〈小口切り〉大さじ1、麺つゆ〈3倍濃縮〉小さじ1)、塩 適量

作り方／❶ごはんにAを混ぜ合わせる。❷手塩をして❶のごはんを握る。

＼とろとろとカリカリの絶妙な食感／

じゃこ&とろろ昆布おにぎり
1個分／129kcal

材料（3個分）／ごはん 300g
ちりめんじゃこ 大さじ3、とろろ昆布 適量、塩 適量

作り方／❶ごはんにちりめんじゃこを加えて混ぜ合わせる。❷手塩をして❶のごはんを握り、とろろ昆布を巻く。

鮭&コーンおにぎり 1個分／160kcal

材料（3個分）／ごはん 300g
A（鮭フレーク 40g、ホールコーン 30g、カレー粉 小さじ½、バター 5g）、塩 適量

作り方／❶ごはんにAを混ぜ合わせる。
❷手塩をして❶のごはんを握る。

＼子供から大人まで、人気のおにぎり／

＼ごはんによく合う2つの具を入れてうまみたっぷり／

高菜&たらこおにぎり 1個分／155kcal

材料（3個分）／ごはん 300g
高菜 20g、たらこ 1本、ごま油 適量

作り方／❶高菜は刻み、たらこは焼いてほぐし、ごはんに加えて混ぜる。
❷手にごま油を塗って❶のごはんを握る。

おかかわさびおにぎり 1個分／176kcal

材料（3個分）／ごはん 300g
A（かつお節 3g、練りわさび 小さじ⅓、麺つゆ〈3倍濃縮〉小さじ⅓）、焼きのり（3切）3枚、塩 適量

作り方／❶Aを混ぜ合わせる。❷手塩をしてごはんをのせ、❶をのせて握り、焼きのりを巻く。

＼通好みのかつお節とチーズの組み合わせは絶品／

＼ピリッと効いたわさびの風味が食欲をそそる／

かつお節&チーズおにぎり
1個分／242kcal

材料（3個分）／ごはん 300g
プロセスチーズ 60g、かつお節 5g、しょうゆ 小さじ½、塩 適量

作り方／❶プロセスチーズは5mm角に切り、かつお節としょうゆとともにごはんに加えて混ぜる。
❷手塩をして❶のごはんを握る。

主食 / 炒めごはん

シンプルな味つけ、簡単だけどおいしい
明太子炒めごはん

材料（1人分）

- 明太子…30g
- かいわれ大根…20g
- ごま油…小さじ1
- ごはん…200g
- 刻みのり…ひとつまみ
- 塩・こしょう・しょうゆ
  …各少々

作り方

1. 明太子は薄皮からしごき出す。かいわれ大根は1cm長さに切る。
2. フライパンにごま油を中火で熱し、ごはんを炒めて、1を加え炒め合わせる。全体がよく混ざったら刻みのりを加え、塩、こしょう、しょうゆで調味する。

418kcal

調理のコツ 明太子は油に直接入れるとはじけてしまうので、ごはんを炒めてパラパラになってから、かいわれ大根と一緒に加えるのがコツ。全体がよく混ざるまでヘラで押さえながら炒め合わせて。

セロリのシャキシャキ感がクセになる
セロリ炒めごはん

487kcal

材料（1人分）

- セロリ…30g
- ベーコン…1枚
- 溶き卵…1/2個分
- ごはん…200g
- オリーブ油…小さじ1/2
- マヨネーズ…小さじ1
- 塩・粗びき黒こしょう・
  しょうゆ…各少々

作り方

1. セロリは5mm角に切る。ベーコンは5mm幅に切る。
2. フライパンにオリーブ油、マヨネーズを中火で熱し、1、ごはんを炒める。溶き卵を加えて強火で炒め合わせ、塩、こしょう、しょうゆで調味する。

調理のコツ 炒め油にオリーブ油の他にマヨネーズをプラスして、コクをアップ。卵を加えるタイミングは、ごはんと具が全体によく混ざったら。卵を加えてからは強火でしっかり火を通してパラパラに。

炒めごはん

ボリューム満点のエスニックごはん
ガパオ風炒めごはん

材料（1人分）

玉ねぎ…20g
パプリカ（赤）…20g
バジル…3枚
サラダ油…小さじ1
赤唐辛子（小口切り）
　…ひとつまみ
鶏ひき肉…30g
ごはん…200g
溶き卵…1/2個分
ナンプラー…小さじ1/2
オイスターソース
　…小さじ1/2
こしょう…少々

作り方

1 玉ねぎ、パプリカ、バジルは5〜7mm角に切る。
2 フライパンにサラダ油、赤唐辛子を中火で熱し、鶏ひき肉、玉ねぎ、パプリカ、ごはんを炒める。全体が混ざったら、溶き卵を加えてさらに炒める。ナンプラー、オイスターソース、こしょうで味をととのえ、バジルを加えて混ぜる。

478kcal

533kcal

みんなが大好きなカレー味
カレー炒めごはん

材料（1人分）

玉ねぎ…20g
ピーマン…1/2個
ウインナーソーセージ
　…2本
オリーブ油…小さじ1
ごはん…200g
ホールコーン…大さじ1

A ┌ コンソメスープの素
　│　（顆粒）…小さじ1/2
　│ カレー粉…小さじ1/2
　│ 塩・こしょう・しょうゆ
　└　…各少々

作り方

1 玉ねぎ、ピーマンは粗めのみじん切りにする。ソーセージは小口切りにする。
2 フライパンにオリーブ油を中火で熱し、玉ねぎ、ソーセージを炒める。ごはんを加えて混ぜ、コーン、ピーマンを加えてさっと炒め合わせ、Aで味をととのえる。

調理のコツ 最初に炒めるのは、甘味と旨味の出る玉ねぎとソーセージ。玉ねぎが透き通り、ソーセージがこんがりしてきたら、ごはんを加えて炒め合わせます。コーンやピーマンなどすぐに火が通るものは最後に加えて。

ふりかけバリエ

市販のふりかけも便利だけれど、自分で作るふりかけは、安心＆おいしいので、まとめて作って常備しておきましょう。カルシウムの多い食材や不足がちな海藻などを利用するといいでしょう。

＼桜えびの カルシウムいっぱい／

桜えび＋青のりふりかけ 53kcal

材料（作りやすい分量）／桜えび 10g、青のり 大さじ1、白いりごま 大さじ1、かつお節 5g

作り方／桜えび、かつお節をフードプロセッサーにかけ、その他の材料と混ぜる。

★保存期間 冷蔵 2週間 冷凍 1カ月

＼煮干しの栄養を そのまま摂れる／

煮干し＋刻みのりふりかけ 45kcal

材料（作りやすい分量）／煮干し 10g、刻みのり 1g、白いりごま 大さじ1

作り方／煮干しをフードプロセッサーにかけ、その他の材料と混ぜる（煮干しはそのまま食べられるタイプがおすすめ）。

★保存期間 冷蔵 2週間 冷凍 1カ月

＼ごぼうの食物繊維 たっぷり／

ごぼうチップス＋青のりふりかけ 44kcal

材料（作りやすい分量）／ごぼうチップス（市販）30g、青のり 大さじ1、黒いりごま 大さじ1

作り方／ごぼうチップをフードプロセッサーにかけ、その他の材料と混ぜる。

★保存期間 冷蔵 2週間 冷凍 1カ月

いつもは捨ててしまう葉っぱもふりかけで

大根の葉とじゃこふりかけ　49kcal

材料（作りやすい分量）／大根（またはかぶ）の葉 50g、ちりめんじゃこ 20g、しょうが（みじん切り）10g、ごま油 小さじ1、しょうゆ 小さじ1

作り方／❶大根（またはかぶ）の葉は刻む。❷フライパンにごま油を熱して材料を炒め合わせ、しょうゆで調味する。

★保存期間　冷蔵 4～5日間　冷凍 2週間

ゆかりにわかめのミネラルをプラス

わかめ＋ゆかりふりかけ　53kcal

材料（作りやすい分量）／乾燥わかめ 10g、ゆかり 小さじ2、白いりごま 大さじ1、ごま油 小さじ1、しょうゆ 小さじ1/2

作り方／乾燥わかめは水でもどし、粗めに刻む。フライパンにごま油を中火で熱し、わかめを炒める。水分が飛んだらゆかり、白いりごま、しょうゆを加える。

★保存期間　冷蔵 4～5日間　冷凍 2週間

かつお節のだしがらも再利用

かつお節のしっとりふりかけ　56kcal

材料（作りやすい分量）／かつお節（だしがらの水けを絞ったもの）40g、しょうゆ 小さじ2、みりん 小さじ1、酒 小さじ1、砂糖 小さじ1

作り方／フライパンにすべての材料を入れる。中火で水分が少なくなるまで炒る。

★保存期間　冷蔵 4～5日間　冷凍 2週間

保存のこと　手作りのふりかけは、湿気に弱いので保存容器に入れたら、冷蔵庫または冷凍庫で保存するのがベスト。しっとりタイプのふりかけは傷むのも早いので、同様に冷蔵庫または冷凍庫で保存しますが、早めに食べ切るようにしましょう。

主食 麺

具だくさんで冷めてもおいしい
焼きそば

605kcal

材料（1人分）

むきえび…40g
キャベツ…50g
玉ねぎ…50g
ごま油…小さじ1
豚こま切れ肉…60g
蒸し中華麺
　（焼きそば用）…1玉

A ┌ 鶏ガラスープの素
　│　（顆粒）…小さじ½
　└ 湯…大さじ3

B ┌ オイスターソース
　│　…小さじ2
　│ しょうゆ…小さじ1
　└ こしょう…少々

作り方

1. むきえびは背ワタを取り除く。キャベツは2cm四方程度に切り、玉ねぎは薄切りにする。
2. フライパンにごま油を中火で熱し、豚肉、えび、玉ねぎ、キャベツの順に加えながら炒め合わせ、麺を加える。Aを注ぎ、蓋をして2分ほど蒸し、Bを加えて麺をほぐしながら味をからめる。

さっぱりした塩味とちくわの食感がおいしい
塩昆布焼きそば

477kcal

材料（1人分）

ちくわ…小1本
しめじ…50g
長ねぎ…30g
小松菜…50g
塩昆布…10g
ごま油…小さじ1
蒸し中華麺
　（焼きそば用）…1玉
しょうゆ…小さじ1½
こしょう…少々

作り方

1. ちくわは薄い輪切り、しめじは石づきを切り落としてほぐす。長ねぎは3cm長さに切ってから縦4つ割りにし、小松菜は3cm長さに切る。
2. フライパンにごま油を中火で熱し、1を炒め合わせる。麺を加えて水大さじ2（分量外）をふり、蓋をして2分ほど蒸す。
3. 塩昆布、しょうゆ、こしょうを加えて麺をほぐしながら味をからめる。

焼きカレーうどん

カレーのスパイシーさが決め手！箸もすすむ

材料（1人分）

- さつま揚げ…1枚（50g）
- 溶き卵…1個
- ピーマン…1個分
- 長ねぎ…30g
- ゆでうどん（ソフト麺）…1玉
- ごま油…小さじ1
- A
  - カレー粉…小さじ2/3
  - ウスターソース…小さじ1
  - しょうゆ…小さじ2
  - 塩・こしょう…各少々

作り方

1. さつま揚げは半分に切ってから1cm幅に切る。ピーマンはヘタと種を取って細切り、長ねぎは3cm長さに切ってから縦4つ割りにする。
2. フライパンにごま油を中火で熱し、長ねぎ、さつま揚げ、溶き卵、うどん、ピーマンの順に加えながら炒め合わせる。水50ml（分量外）をふり、蓋をして2分ほど蒸す。
3. 2にAを加えて麺をほぐしながら炒め合わせる。
4. 仕上げにごま油小さじ1/2（分量外）をふる。

649kcal

梅焼きうどん

殺菌作用がある梅が入った安心メニュー

材料（1人分）

- 玉ねぎ…50g
- 絹さや…5枚
- 梅干し…1個
- マヨネーズ…小さじ2
- 豚こま切れ肉…50g
- ゆでうどん…1玉
- A
  - ポン酢しょうゆ…小さじ2
  - 塩・こしょう…各少々

作り方

1. 玉ねぎは薄切り、絹さやは筋を取り除いて斜め半分に切る。梅干しは種を取り除く。
2. フライパンにマヨネーズを中火で熱し、豚肉、玉ねぎ、うどん、絹さやの順に加えながら炒め合わせる。水50ml（分量外）をふり、蓋をして2分ほど蒸す。
3. Aを加えて味をととのえ、お弁当箱に詰め、梅干しをのせる。崩して混ぜながらいただく。

576kcal

調理のコツ うどんを炒めるときは、水をふってほぐしながら具材と炒め合わせるのがポイント。お弁当箱に詰めたあとに梅干しをのせることで、味のポイントになるのと同時に保存性を高めて。

主食 麺

野菜がたっぷり入った具だくさんの定番パスタ
ナポリタン

595kcal

材料（1人分）

ウインナソーセージ…2本
玉ねぎ…30g
ズッキーニ…2本
パプリカ（赤）…30g
スパゲッティ…80g
オリーブ油…小さじ2
トマトケチャップ…大さじ2
ウスターソース…小さじ1
塩・こしょう…各少々

作り方

1 ソーセージは斜め薄切り、玉ねぎは薄切り、ズッキーニは短冊切り、パプリカはヘタと種を取り、半分の長さに切って薄切りにする。
2 スパゲッティは袋の表示通りにゆでる（お湯2ℓに塩小さじ4を加える）。
3 フライパンにオリーブ油を中火で熱し、玉ねぎ、ズッキーニ、ソーセージの順に加えながら炒める。野菜に火が通ってきたらパプリカ、2を加えてさっと混ぜ合わせ、トマトケチャップ、ウスターソース、塩、こしょうで味をととのえる。

ツナ缶を常備しておけばこんなパスタにも
ツナきのこパスタ

433kcal

材料（1人分）

しめじ…30g
エリンギ…30g
玉ねぎ…30g
ツナ缶…40g
スパゲッティ…80g
オリーブ油…小さじ1
バター…5g
しょうゆ…小さじ1
塩…小さじ¼
こしょう…少々

作り方

1 しめじは石づきを切り落としてほぐし、エリンギは縦半分に切ってから薄切りにする。玉ねぎは薄切りにする。
2 スパゲッティは袋の表示通りにゆでる。
3 フライパンにオリーブ油、バターを中火で熱し、玉ねぎ、しめじ、エリンギ、ツナ、2の順に加えながら炒め合わせ、しょうゆ、塩、こしょうで味をととのえる。

調理のコツ 炒め油をオリーブ油＋バターにしてコクたっぷりの仕上がりに。具材を炒め合わせるときは、水分を飛ばすようにしっかりと炒め合わせて。

つゆの酸味でさっぱりと食べられる
冷やし中華

材料(1人分)

A
- しょうゆ…大さじ2
- 酢…大さじ2
- 砂糖…大さじ1
- ごま油…小さじ1

B
- 鶏ガラスープの素（顆粒）…小さじ½
- 湯…大さじ1

- きゅうり…30g
- ハム…2枚
- ゆで卵…1個
- カニ風味かまぼこ…2本
- 乾燥わかめ…2g
- 中華麺…1玉

作り方

1. A、Bを合わせて冷凍用保存容器に入れて冷凍する。
2. きゅうり、ハムは細切りにする。ゆで卵は輪切り、カニかまはほぐす。乾燥わかめは水につけてもどし、水けを絞る。
3. 中華麺はゆでる。酢を加えた冷水で洗ってしめ、水けをきってお弁当容器に詰める。
4. 3に2、1をのせる。

＊1のたれが保冷材代わりになる

641kcal

夏の暑い日にはお弁当にもそうめん！
そうめん

材料(1人分)

- そうめん…2束
- 麺つゆ（3倍濃縮）…大さじ3
- 氷…100g

A
- 揚げ玉…大さじ1
- 白すりごま…小さじ1
- 万能ねぎ（小口切り）…小さじ2
- 刻みのり…適量
- 青じそ（粗めに刻む）…3枚分

作り方

1. Aはそれぞれシリコンカップやアルミカップで仕切りながらお弁当容器に詰める。
2. そうめんはゆで、酢を加えた冷水で洗ってしめる。水けをきり、一口分ずつ丸めながら大きめの弁当箱に詰め、氷50g程度を散らす。
3. 麺つゆは氷50gと合わせ、麺をつけてもこぼれないようなお弁当容器（またはスープジャー）に入れる。

詰め方のコツ 夏のお弁当にそうめんがおすすめ。大きめのお弁当箱にそうめんを一口分ずつ丸めながら詰め、トッピングの薬味などはシリコンカップに。麺つゆは氷と一緒にスープジャーに入れましょう。

410kcal

主食 パン

定番の卵サンドにマスタードを効かせて
卵サンド

材料（1〜2人分）

卵…2個
マヨネーズ…大さじ2
塩・こしょう…各少々
食パン（8枚切り）
　…4枚
バター…10g
粒マスタード…小さじ½

作り方

1 卵は沸騰した湯にそっと入れて10分ほどゆでる。冷水にさらしてから、殻をむく。
2 1を粗めに刻む（またはエッグスライサーを使う）。
3 ボウルに2、マヨネーズ、塩、こしょうを入れて混ぜ合わせる。
4 パンの片面にバター、粒マスタードを塗り、3をのせてはさむ。バットなどをのせて軽く重しをし、落ち着いたら耳を切り落とし、お弁当箱に詰めやすく切る。

206 kcal

ハム、きゅうり、チーズを挟んだ具だくさんサンド
ハムきゅうりチーズサンド

材料（1〜2人分）

きゅうり…1本
食パン（8枚切り）
　…4枚
バター…10g
マスタード…小さじ½
ハム…2枚
スライスチーズ…2枚

作り方

1 きゅうりはパンの幅に合わせて切り、縦に薄切りにする。塩少々（分量外）をふり、水けが出たら拭き取る。
2 パンの片面にバター、マスタードを塗り、ハム、1、チーズの順にのせてはさむ。バットなどをのせて軽く重しをし、落ち着いたら耳を切り落とし、お弁当箱に詰めやすく切る。

調理のコツ サンドイッチを作る際のコツは、きゅうりに塩をふって水けが出たら、ペーパータオルでしっかり拭くこと。水けを残すとパンが水っぽくなります。具を挟むときは、水分の少ないものをパンの側にします。

359 kcal

クミンの風味が食欲をそそる
ツナサンド クミン風味

材料(1人分)

ツナ缶…小1缶(70g)
セロリ…40g
塩…少々
マヨネーズ…大さじ2
クミン(ホール)
　…小さじ¼
食パン(8枚切り)
　…4枚
バター…10g

作り方

1 ツナは汁けをしっかりときる。
2 セロリは粗めのみじん切りにし、塩をふってか軽くもみ、水けが出たら絞る。
3 1、2、マヨネーズ、クミンを混ぜ合わせる。
4 パンの片面にバターを塗り、3をのせてはさむ。バットなどをのせてかるく重しをし、落ち着いたら耳を切り落とし、お弁当箱に詰めやすく切る。

361kcal

325kcal

キャベツのシャキシャキ感とコンビーフの食感が絶妙
コンビーフサンド

材料(2人分)

キャベツ…100g
マヨネーズ…小さじ1
コンビーフ…50g
食パン(8枚切り)
　…4枚
バター…10g
こしょう…少々

作り方

1 キャベツは5mm幅程度の細切りにする。
2 フライパンにマヨネーズを中火で熱し、1、コンビーフを炒め合わせ、こしょうをふり、粗熱をとる。
3 パンを軽くトーストする。片面にバターを塗り、2をのせてはさむ。バットなどをのせて軽く重しをし、落ち着いたら耳を切り落とし、お弁当箱に詰めやすく切る。

調理のコツ はさむ具を炒めることで、水分を飛ばすことができます。パンをトーストしたら、すぐにバターを塗ること。パンにしみ込み、さらにおいしい仕上がりになります。

主食 パン

酸味が効いた鶏肉でさっぱり食べられる
マリネチキンのベーグルサンド

336 kcal

材料（1人分）

鶏ささみ…1本
白ワイン…小さじ1
ベーグル…1個

A
- オリーブ油…小さじ1
- 白ワインビネガー…小さじ½
- 塩…小さじ¼
- こしょう…少々
- ドライハーブ（ローズマリー、オレガノ、バジルなどお好みで）…少々

グリーンカール…1枚
玉ねぎ…10g
カッテージチーズ…大さじ1

作り方

1 鶏ささみは筋を取り除き、耐熱皿にのせて白ワインをふり、ラップをかけて電子レンジで1分30秒加熱する。

2 1を裂き、Aであえる。

3 グリーンカールは冷水にさらしてシャキッとさせ、水けをよく拭き取る。玉ねぎは繊維を断つように薄切りにし、水にさらして水けを絞る。

4 ベーグルは横半分に切る。グリーンカール、玉ねぎ、2、カッテージチーズを順にのせてはさむ。

食べ応えのある満足感たっぷりのサンド
バゲットサンド

201 kcal

材料（1人分）

レタス…1枚
玉ねぎ…10g
バゲット…15cm
バター…10g
パストラミ（またはローストビーフ）…30g
カマンベールチーズ…30g

作り方

1 レタスは冷水にさらしてシャキッとさせ、水けをよく拭き取る。玉ねぎは繊維を断つように薄切りにし、水にさらして水けを絞る。

2 バゲットは横半分に切る（好みで焼いてもいい）。バターを塗る。

3 レタス、カマンベールチーズ、パストラミ、玉ねぎの順にのせてはさむ。

調理のコツ バゲットは少しトーストしてバターを塗ると、風味がアップしておいしい仕上がりに。具としてはさむレタスや玉ねぎスライスは、ペーパータオルでしっかり水けを拭きましょう。サラダスピナーがあると便利です。

カリッと焼いたベーコンが決め手！
BLTサンド

材料（1人分）

- レタス…1枚
- トマト…½個
- ベーコン…2枚
- こしょう…少々
- 食パン（8枚切り）…2枚
- バター…10g
- マヨネーズ…小さじ1

作り方

1. レタスは冷水にさらしてシャキッとさせ、水けをしっかり拭き取る。
2. トマトは輪切りにし、ペーパータオルにのせて余分な水けを拭き取る。
3. ベーコンは半分に切り、こしょうをふって熱したフライパンでカリッと焼く。
4. 食パンはトーストし、片面にバター、マヨネーズを塗る。
5. 4に1、2、3の順にのせてはさむ。
6. バットなどをのせて少しおさえてなじませるようにしてから、お弁当箱に詰めやすく切る（あればピックなどをさす）。

249kcal

わさびのピリッとした辛さがアクセント！
のりチーズわさびのロールサンド

材料（1～2人分）

- 食パン（8枚切り）…4枚
- バター…10g
- 練りわさび…小さじ⅓
- 焼きのり…½枚
- スライスチーズ…2枚

作り方

1. パンは耳を切り落とし、バター、わさびを塗る。
2. 焼きのりは半分に切る。
3. 1に2、チーズをのせて端からクルクルと巻き、ラップでキャンディー状に包む。そのまま10分ほどおき、落ち着いたらラップをはずしてお弁当箱に詰めやすく切る。

314kcal

調理のコツ 焼きのりとチーズは水分が少ないので、パンにはピッタリの組み合わせ。クルクル巻いてラップで形づくるのがポイント。ラップに包んだまま、持ち運んでもいいでしょう。

作りおきで朝詰めるだけ！お弁当

みんなでワイワイ！ 楽しいイベント弁当 *1

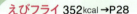 運動会のお弁当

幼稚園、小学校の運動会は色とりどりのお弁当を詰めて持って行きたいもの。作りおきおかずがあれば、大人数のお弁当もラクに作ることができます。前日までに仕込んでおくもの、当日仕上げるものを考えて。

えびフライ 352kcal →P28
衣をつけるところまでを前日までに済ませておけば、当日は揚げるだけだからラク。詰めるときは粗熱をとって。

セロリのレモン漬け 11kcal →P136
揚げ物などボリューミーなおかずには、さっぱりしたサブおかずを。漬け物は数日前から仕込むことも可能。

鶏のから揚げ 259kcal →P18
下味をつけてまとめて冷凍しておけば、解凍して粉をつけて揚げるだけ。えびフライのあとに揚げましょう。

アスパラガスの豚肉巻き 145kcal →P27
アスパラガスの豚肉巻きは前日に作って保存容器に入れて冷蔵庫へ。当日は電子レンジで再加熱を忘れずに。

> **組み合わせポイント** 揚げ物がメインのお弁当は生野菜や漬け物などをプラス
>
> 子供が喜ぶえびフライやから揚げがメインのお弁当には、生野菜を一緒に添えることを忘れずに。レモン漬けやピクルスのようなさっぱりしたサブおかずは多めに持って行くといいでしょう。ブロッコリーなどのおかずも添えて。

ミニトマトなど詰めるだけ野菜

鮭＆コーンおにぎり
160kcal →P153

鮭フレークとコーンを混ぜるだけ。子供にも人気の変わりおにぎり。おにぎりはおかずを詰めたあとに握りましょう。

高菜＆たらこおにぎり
155kcal →P153

高菜とたらこの組み合わせもおすすめ。大人に人気のおにぎりです。高菜は汁けをきること。

桜えびの卵焼き 85kcal →P36

卵焼きは当日の朝が大変なら、前日に作っておいても。丸ごとラップに包んで保存しておくと、翌日は切るだけでOK！

ブロッコリーカレーマヨ焼き
28kcal →P112

ブロッコリーはまとめてゆでておき、当日にカップに分けて、カレーマヨをかけてトースターで焼くだけで1品！

作りおきで
朝詰めるだけ！
お弁当

Column

みんなでワイワイ！ 楽しいイベント弁当＊2

行楽のお弁当

お花見や紅葉の季節に家族や友達とお出かけ。
そんなときに作りたい和風のお弁当です。
つくねや卵焼き、よせ揚げなど、老若男女を問わず、
みんながおいしく楽しめる、詰めるだけ弁当を作って行きませんか？

**組み合わせ
ポイント**

おかずの味が重ならないように バランスよく組み合わせる

飽きないお弁当の組み合わせのポイントは、味がバラエティに富んでいること。みそ味、照り焼き味、甘酢、ピリ辛など、少しずつ変化がつくとおいしく食べられます。揚げ物、煮物、焼き物とメニューに変化をつけるとさらにいいでしょう。

カリフラワーの甘酢漬け
36kcal →P137
しっかり味の煮物やつくねなどのおかずには、酸味の効いた甘酢漬けは好相性。数日前から漬けておいてもOK。

豚みそ煮 281kcal →P83
肉の煮物は前日までに作っておくと、当日の朝は詰めるだけ。一度再加熱して粗熱をとってから詰めましょう。

えびとコーンのよせ揚げ
185kcal →P97
当日揚げて詰めると、揚げ衣がベチャッとなりがちなので、前日に揚げて、揚げ網の上で完全に冷まして。

カニかま卵焼き
92kcal →P101
慌ただしい朝には卵焼きは結構大変。前日までに作っておき、切らずにラップに包んで保存を。当日切り分けて。

青じそつくね
150kcal →P86
つくねのタネを前日に仕込み、形つくるところまでしておくと、当日は焼いてたれをからめるだけだから簡単。

アスパラガスのピリ辛みそ炒め
43kcal →P117
アスパラガスは前日にゆでておき、当日に切って炒めて仕上げます。詰めるときは粗熱をとって。

青じそ＋ごま塩おにぎり
140kcal →P151
ごま塩おにぎりだけでもおいしいけれど、和風のお弁当の場合は、しそをのり代わりに巻くと、味のアクセントに。

梅わかめおにぎり
128kcal →P151
梅とわかめをごはんに混ぜ込んだ和風おにぎり。梅は殺菌作用があるので、暑い日でも安心して食べられます。

Part 4

作りおき
お弁当作りの
きほん

お弁当をカンタンにおいしく作るにはコツがあります。
作りおきおかずを使ってパパッと詰めるだけなのに、
おいしくて健康的でボリューム満点のお弁当。
そんな毎日のお弁当作りに役立つ〝きほんのあれこれ〟をご紹介します。

おさえておきたい 作りおき弁当きほんのキ。

きほん❶
傷みを防ぐ
お弁当作りの
ポイント
→ P172

きほん❷
お弁当の
詰め方を
おぼえましょう
→ P176

きほん❸
お弁当の
組み合わせ術
→ P180

きほん❹
カロリーダウン
のコツ
→ P181

きほん❺
お弁当作りに必要な
調理道具
＆
保存容器
→ P182

きほん❻
お弁当箱
カタログ
→ P184

作りおき お弁当作りのきほん❶

お弁当作りのポイント
\ 傷みを防ぐ /

作りおきお弁当で気をつけたい食材の傷み。
湿気や気温など季節によっても関係しますが、基本はとにかく清潔を保つ、こと。
食材に細菌が発生しないよう日頃から注意しましょう！

調理道具や手を清潔にする

まな板、包丁、菜箸、スポンジの消毒法

お弁当箱の消毒法

調理する前には必ず手をよく洗いましょう。爪は短く切り、アクセサリー類もはずした方がよいでしょう。調理道具やお弁当箱もよく洗いましょう。お弁当箱のパッキン部分は洗い残しがないように。まな板、包丁などの調理道具やお弁当箱を熱湯消毒するのも効果的です。お弁当箱はペーパータオルに酢を含ませひと拭きするとよいでしょう。

正しい手洗い法

1 流水で手指を流してから、石けんを泡立て手のひらをよくこすります

2 両手の甲を伸ばすようによくこすり洗いします

3 指先、爪の間をよく洗い、指の間も念入りに洗います

4 親指と手のひらをねじり洗いします

5 手首を洗い、流水で石けんと汚れを十分に洗い流します

作りおきおかずの冷蔵保存のコツ

清潔な保存容器を使う

保存容器や菜箸などは熱湯消毒または煮沸消毒をしてペーパータオルや清潔なふきんで軽く拭き、完全に乾燥させてから使いましょう。アルコールでひと拭きするのもよいでしょう。

粗熱がとれたらすぐに冷蔵庫に保存

調理したものは必ず粗熱がとれてから蓋をして冷蔵庫に保存しましょう。熱い状態で蓋をすると容器内に蒸気がこもり内部に水滴ができ、食材が傷む原因となります。

作りおきおかずの冷凍保存のコツ

乾燥と酸化を抑えるために密閉する

冷凍するときはできるだけ食材を空気にふれさせないようにしましょう。保存容器を使う場合はラップをはってから蓋をして密閉すると乾燥と酸化を抑えられます。

空気をしっかり抜いて冷凍するのがコツ

冷凍保存に便利なファスナーつき保存袋を使うときは、空気をしっかり抜きましょう。保存容器も同様ですが、空気を抜くことによって食材の鮮度の低下を防ぎおいしさが保たれます。

MEMO

冷凍したおかずの解凍は？

解凍するときは電子レンジやオーブントースターを活用し、必ず熱を通しましょう。炒め物などは電子レンジで加熱ムラがないように。揚げ物はホイルに包みオーブントースターで加熱しましょう。また、加熱した作りおきおかずは、必ず冷めてからお弁当箱に詰めましょう。

これで傷まない！お弁当の傷み防止8カ条

作りおきおかずで心配なことといえば、
食材が傷むのでは？ということ。
食材の鮮度をできるだけ保ち、
かつ長持ちさせるために、
調理するときに気をつけることや
食材を傷ませないコツ8箇条をご紹介します。

その1 詰めるおかずは十分加熱する

食材を加熱することで食中毒の原因となる細菌などを消滅させます。また、よく火を通すことで生焼けなどの部分に繁殖する細菌を防ぐことができます。

その2 汁けの多いものはしっかり水けをきる

野菜の水けや煮物の汁けなどは、おかずが傷む要因のひとつ。お弁当箱に詰める前にペーパータオルを使って余分な水けをしっかりきること。

その3 菜箸は使うごとにかえる、または拭く

菜箸が汚れていては、せっかく加熱調理した食材に細菌がついてしまう可能性があります。清潔を保つようその都度かえたり、ペーパータオルで拭きましょう。

その4 おかずは詰める前にきちんと冷ます

おかずが冷めないうちにお弁当箱に詰めて蓋をすると、なかに蒸気がこもり水滴ができて傷みの原因になります。おかずは完全に冷めてから詰めましょう。

MEMO

傷み防止のおすすめ！ 調味料＆香辛料

わさび＆辛子
わさびと辛子の持つ強い抗菌効果を活用した抗菌シートも販売されています。

唐辛子
唐辛子は昔から強い抗菌・殺菌作用があると言われ、作りおきには重宝します。

酢
殺菌力が最も高いと言われている酢。酢にもいろいろな種類があるので使い分けて。

こしょう
味にパンチをきかせるこしょうは、殺菌効果も高く作りおきには欠かせない存在。

カレー粉
カレー粉に含まれるターメリックには防腐効果の高いクルクミンが入っています。

ソース
ソースのなかに含まれる香辛料には殺菌作用があると言われています。

その5　梅干し、しょうが、ハーブを使う

殺菌作用のある食材や調味料を使い、おかずの腐敗を防止しましょう。梅干し、しょうが、レモン、ハーブ類が効果的。おかずの風味づけにもなり一石二鳥です。

その6　汁けの多いものはカップなどで仕切りを

汁けが多いおかずの汁モレを防いだり、おかず同士がくっつくのを防いだり、ほかのおかずに味がうつらないよう小分けカップなどで仕切りをしましょう。

その7　しっかり濃いめの味つけにする

保存性を高める効果があるしょうゆや塩、砂糖、酢などの調味料で、普段より濃いめの味つけにしましょう。また、濃い味つけは冷めてもおいしく食べられます。

その8　おにぎりは手で握らずラップで包む

おにぎりは直接手で触れぬようラップに包み握りましょう。最近は抗菌効果のあるかわいいおにぎりラップなども市販されています。

> 作りおき お弁当作りのきほん❷

お弁当の詰め方をおぼえましょう

お弁当を持ち歩き片寄ってしまったり、ごはんとおかずがまざってしまっては、
見た目もおいしさも残念な感じに。
お弁当のふたを開けたときに「おいしそう！」と思える詰め方をマスターしましょう。

お弁当におかずを詰めるときは必ず、粗熱をしっかりとって

作りおきおかずを冷蔵・冷凍するときと同様、おかずを詰めるときも粗熱がとれてから。食材が冷めたらいざ実践！ 見映えのよいキレイな詰め方にはコツがあるのでマスターしましょう。

1 ごはんを詰める

ごはんは温かいうちに詰めて形をととのえます。粗熱をとってからふたを。

2 カップに入ったおかずを詰める

カップに入れたおかずは形を変えにくいので、先に詰めるといいでしょう。

3 その横に形のある小さなおかずを詰める

メインおかずの次は、引き立て役にもなる小さいおかずを詰めましょう。

お弁当をかわいく詰める ワクワクお弁当アイテム

お弁当箱におかずをかわいく詰めるアイテムとして、揃えておきたいおかずカップとピック。用途別に揃えておくと便利です。

おかずカップ

シリコンカップ

耐熱性なので、作りおきおかずを小分けにして冷凍、そのまま電子レンジ加熱で解凍もできて便利。食洗機でも洗えて何度でも使えます。

紙カップ

カラフルなものが多いので、お弁当のアクセントに。紙カップは、形が自由にかわるのですき間に入れられます。サブおかず向き。

ピック

子供用のお弁当に添えると喜ばれます。小さいおかずやフルーツにさすのがおすすめ。

完成！

4 メインおかずを詰める

メインおかずを見栄えよく詰めましょう。炒め物などはカップに入れて詰めます。あとは、すき間埋めおかずを詰めて。

> ### 家族に喜ばれる！
> # お弁当の美しい盛りつけ方

お弁当の詰め方のきほんをおさえたら、お弁当がおいしそうに見える盛りつけ方をマスターしましょう。配色のバランスを意識して盛りつけるのがポイントです。

［ プラスチックのお弁当箱に盛りつける ］

プラスチックの弁当箱は、深さが浅く盛りつけやすいのが特徴です。色もカラフルだから、お弁当の彩りにも一役買ってくれます。洗うときも汚れが取れやすくて便利。形はベーシックな長方形か角丸のタイプがいいでしょう。蓋は密閉性の高いものがベスト。

黒・赤・黄のひじきマリネで引き締める
赤、黄は食欲を増進させ、黒は全体を引き締めます。汁けのあるマリネはカップに入れて詰めましょう。

鶏の照り焼きはあえて真ん中におく
鶏の照り焼きのようなメイン料理は、形を生かして真ん中に大胆に盛りつけて。

緑のししとうじゃこで全体を引き立てる
緑は補色といって、全体の色を引き立てる効果があります。サブおかずやゆで野菜をポイントに。

ごはんの上にふりかけをかけてアクセントに
白いごはんの上には、ごま塩やふりかけをふって。よりお弁当をおいしそうに見せてくれます。

MEMO

5色をバランスよく とり入れると 栄養バランスも よくなる

お弁当を彩りよく盛りつけるには、赤、黄、緑、黒（茶）、白の5色を揃えることがポイント。5色をなるべく使うことで、栄養バランスもとれたお弁当になります。

- **赤** トマト・赤パプリカ・カニ風味かまぼこなど
- **黄** 卵・コーン・チーズ・黄パプリカなど
- **緑** ブロッコリー・アスパラガス・ほうれん草・レタスなど
- **黒（茶）** のり・ひじき・きのこ類など
- **白** ごはん・麺・カリフラワー・かぶなど

［ステンレスのお弁当箱に盛りつける］

無機質なステンレス製のお弁当箱はどこか冷たく感じますが、シンプルな銀色だけのお弁当箱は、食材の色を引き立てます。また、傷がつきにくいので、汚れや菌などもつきにくく、衛生面でも優れているので、食中毒が心配な梅雨時期から夏場におすすめです。

すき間に塩もみきゅうりの副菜を詰めて
メインを詰めたら、空いたすき間にサブおかずを詰めて。すき間ができないように詰めるのがポイント。

焼き魚はごはんに立てかけるように
焼き魚はごはんに沿わせるように立てかけて。最初に位置を決めると、他のおかずが詰めやすくなります。

色のアクセントにたくあんをのせて
全体の色のバランスを見て、漬け物などで彩りを添えます。黄色のたくあんをのせて、全体のアクセントに。

炒り卵の黄色とほうれん草の緑で彩り鮮やかに
焼き魚のお弁当は地味になりがちなので、緑と黄色の副菜を添えて華やかに。味にも変化をつけて。

汁けのある煮豆はシリコンカップに入れて
汁けのあるおかずや形が崩れやすいおかずは、カップに入れて。焼き魚と対角線上になるように詰めます。

> 作りおき お弁当作りのきほん❸

お弁当の組み合わせ術

お弁当は作る相手によっておかずや品数、味つけなども違ってきます。
メインのおかずは同じでも組み合わせを工夫して、
その対象に合ったお弁当を作るようにしましょう。

お父さん、中高生、幼児によっておかずの組み合わせを工夫して

家族のお弁当は、お父さん、育ち盛りの中高生、幼児によって品数も味つけもばらばら。たとえば、生活習慣病に気をつけたいお父さんには、薄味で低カロリーなお弁当、食べ盛りの中高生には栄養たっぷりのモリモリ食べられるお弁当、まだ小さい子供には食べやすいお弁当など、作る相手によってアレンジが必要です。

から揚げ弁当を対象別にアレンジ！

お父さん弁当

**から揚げを中心に
きんぴら、卵焼きで
ほっとする組み合わせに**

健康に気をつけたいお父さんには、和食を意識したお弁当に。カロリーや塩分量にも注意して。

中高生弁当

**食べ盛りの年代は
から揚げの他に
パンチのあるおかずを**

食べ盛りの中高生には、ボリューム満点のお弁当。メインのおかずをもうひと品加えるとちょうどいいかも。

幼児弁当

**から揚げは一口大に
切って食べやすく。
ミニおにぎりも一緒に**

まだ小さい子供には、一口大に切って食べやすくしたおかずを。ミニおにぎりは手で食べられるのでgood。

作りおき お弁当作りのきほん❹

カロリーダウンのコツ

ダイエット中や健康を意識したお弁当作りで気をつけたいのがカロリー。
低カロリーの食材を選んで調理すればカロリーダウンできます。
お弁当に限らず日々の食事でも取り入れましょう。

脂身の少ない食材を選び、ゆでる、油なしで焼くなど調理法の工夫を

生活習慣病に気をつけている人やダイエット中の人のお弁当は、低カロリーのおかず作りを意識しましょう。肉は脂身の少ないものを選び、ボイルするなど油を使わない調理法を工夫しましょう。食物繊維たっぷりの野菜を使い、主食を減らすなどちょっとしたコツをつかめば、簡単にカロリーダウン弁当のできあがりです。

安心！低カロ食材

鶏ささみ
ダイエット中の人でも安心して食べられる鶏ささみは低カロリー・高たんぱくの代表格。

えび
低カロリー・高たんぱく・低脂質のえび。ボイルするだけでもおいしくアレンジも豊富。

豚もも肉
豚もも肉も低カロリー・高たんぱく。脂身の少ない赤身の部分を使えばヘルシー。

おすすめ！調理法

フッ素樹脂加工のフライパンで焼く
油なしで焼いたり炒めたりできるので、カロリーダウン間違いなし。

ゆでる
バラ肉など脂身の多い肉は、ゆでて余分な脂を落としましょう。

電子レンジ加熱
油を使わず、手間もかからない電子レンジはおかず作りの救世主。

計量のススメ！

計量カップや計量スプーンで量る習慣を

ついつい目分量で使用してしまいがちな油や調味料などは、必ず計量して使いましょう。

主食を減らす

ごはん、麺、パンを半量減らす

主食となる炭水化物は糖質が高いため半量に減らしましょう。確実にカロリーダウンできます。

作りおき お弁当作りのきほん ❺

お弁当作りに必要な
調理道具 & 保存容器

作りおき弁当のおかずは、まとめて多めに作るので、
調理器具も大きめのものが便利。
冷凍＆冷蔵保存ができるように保存容器のことも知っておきましょう。

おかずを作る調理道具

作りおきおかずは、一度に4人分ぐらいを作るので、調理道具も大きめが◎。フライパンと片手鍋はあれば、ほとんどのものは作れます。

炒め物や焼き物、煮物、揚げ物に

❶ 24cm フライパン

肉や魚などの主菜を焼く、炒めるのにピッタリのサイズ。ちょうど4人分ぐらいのおかず作りに最適。

❷ 24cmの深めのフライパン

深さのあるフライパンは、煮物にもピッタリ。また、揚げ鍋としても使えるので、揚げ物の調理にも。

小さいおかず作りに

❸ ミニフライパン

当日の朝、ささっと少量の炒め物や焼き物を作るときに。洗うのもラクなので揃えておくと便利。

❹ 片手鍋

サブおかずの野菜をゆでたり、煮物を作るときに。取っ手があると持ち運びも簡単。

❺ 卵焼き器

はじめてでも比較的キレイな形に焼くことができる卵焼き用の調理道具。少量の炒め物にも。

おかずを保存する道具

作りおきおかずを作ったら、保存容器に入れて冷蔵＆冷凍保存。保存容器にもいろいろ種類があるので特徴をつかみましょう。

❶ ホーロー容器（浅型）

ホーロータイプは熱に強く、匂いがつきにくいのが特徴。浅型には焼き物や揚げ物などを並べて。

使用例

 肉を並べるときは浅型が便利

 南蛮漬けなどの汁けのある料理に

 大きめシリコンカップを並べるときに

❷ ホーロー容器（深型）

深さがあるので、高さのあるメインのおかずや煮汁や漬け汁があるものを保存して。

使用例

 鶏ハムなどの高さのあるおかずに

 漬け汁たっぷりの漬け物などに

 少量の漬け物は小さめのタイプで

❸ 耐熱ガラス容器（角・丸型）

透明なガラス容器は、何が入っているか見えるのが特徴。そのまま電子レンジで温めることもできる。

使用例

 シリコンカップに入れたサブおかずを並べて

 煮物はそのまま入れて電子レンジで加熱を

 漬け卵などのおかずを入れても

❹ コンテナ（角・丸型）

軽くて丈夫な保存容器。冷凍から電子レンジ加熱もOK。蓋でしっかり密閉できて重ねて保存も可能。

使用例

 汁けのあるピクルスはコンテナで保存

 カップに小分けにしたおかずを入れて

 液だれしそうなミートボールにも

作りおき お弁当作りのきほん❻

お弁当箱カタログ

最近はお弁当箱の種類も豊富です。昔ながらのわっぱタイプも人気ですが、保温タイプや汁ものも持ち歩けるジャータイプなどさまざま。素材や特長によって使い分けて!

プラスチックタイプ

特長 お弁当箱の素材として最も多く、値段も安くてデザインも豊富。パッキンがついていて密閉性も高く汁もれしにくい。

取り扱い 熱や酸に強いので温かいものや材質によっては電子レンジでの温めが可能。パッキンなど劣化しやすいというデメリットもあり。

洗い方 油汚れは落ちにくく、パッキンの洗い残しにも注意。基本的に食洗機での使用可能ですが、使用する前に確認を。

アルミ・ステンレスなどの金属タイプ

特長 昔ながらのこのタイプは、傷がつきにくく、お手入れも簡単なので衛生的。軽くて丈夫なので子どもから大人まで人気。

取り扱い 電子レンジ使用不可なので温めには不向き。お弁当箱としてだけではなく、作りおきの保存容器としてもgood。

洗い方 油汚れが落ちやすいので洗いやすく、熱湯消毒もOK! アルミ製は食洗機により使用できるものとできないものがあるので確認を。

木製・竹製などのわっぱタイプ

特長	吸湿性にすぐれ水分をほどよく吸収してくれるので、冷めてもごはんがおいしい。シンプルで飽きがこなく丈夫で長持ちする。
取り扱い	電子レンジ使用不可のものがほとんど。密閉性が低いので汁もれしやすい点も。おかずの色がしみついてしまうこともあるので注意。
洗い方	食べ終わったら、早めに洗ってしっかり乾燥を。傷がつきやすいので優しく洗って。食洗機NGのものもあるので確認を。

保温タイプ

特長	寒い季節には保温タイプが人気。なかには魔法瓶構造になっていて、お弁当を食べる時間までほっかほかのおいしさを保てるものも。
取り扱い	おかずは熱いうちに入れる。生ものには不向き。電子レンジには直接入れないこと。アルミやプラスチック製に比べるとやや重い。
洗い方	中性洗剤で洗いよく乾燥させる。パッキンを洗うのも忘れずに。食洗機は使用可能の容器とそうでない容器があるので確認を。

組み立てタイプ

特長	ピクニックや遠足、アウトドアに大活躍の組み立て式ランチボックス。コンパクトに畳めて持ち帰れるので便利。
取り扱い	このタイプは紙製の使い捨てとプラスチック製があり、紙製は汁けがしみる可能性も。サンドイッチやパンを入れるのにgood。
洗い方	紙製は使い捨てですが、プラスチック製は中性洗剤で洗えます。基本的に食洗機での使用可能ですが、使用する前に確認を。

INDEX

肉類・肉加工品

■ 牛肉
- 牛肉のバルサミコ炒め ……… 2、84
- 牛すき焼き ……… 24
- 肉じゃが ……… 26
- プルコギ風野菜炒め ……… 68、84
- 牛肉と大根のわさび煮 ……… 85、91
- 肉巻きれんこん ……… 85

■ 豚肉
- 豚のしょうが焼き ……… 21
- アスパラガスの豚肉巻き ……… 27、166
- ポークソテー ……… 27
- キャベツ肉巻き ……… 37、119
- ポークビーンズ ……… 41
- 黒酢豚 ……… 69、80
- チャーシュー ……… 71、82
- 厚揚げの肉巻き ……… 73、102
- マーマレード照り焼き ……… 80
- 豚肉のマヨマスタード焼き ……… 81
- オクラ梅の豚肉巻き ……… 81、93
- ポークチャップ ……… 82
- 豚みそ煮 ……… 83、169
- 中華風南蛮漬け ……… 83
- 肉巻きゆで卵 ……… 90、99
- チーズロールカツ ……… 105
- 肉巻きセロリ ……… 140
- 豚薄切り肉で角煮風 ……… 140
- 焼きそば ……… 145、158
- 梅焼きうどん ……… 159

■ 鶏肉
- ハニーナンプラーレモン ……… 2、79
- 鶏のから揚げ ……… 18、166
- チキン南蛮 ……… 22
- マカロニグラタン ……… 25
- きゅうりの梅あえ ……… 26、121
- 鶏の照り焼き ……… 26
- 五目豆 ……… 42
- 鶏ハム ……… 59、63、64、65
- 鶏のコチュジャン炒め ……… 70、76
- チキンロール ……… 76
- みそ漬け鶏ハム ……… 77、88
- チキントマト煮 ……… 77
- 鶏の梅煮 ……… 78
- 鶏のマスタード煮 ……… 78
- 鶏のスイートチリソース煮 ……… 79
- きのことささみのしょうがみそあえ ……… 92、132
- ささみチーズの磯辺揚げ ……… 104
- 鶏雑炊 ……… 109
- ささみの明太子チーズロール ……… 141
- マリネチキンのベーグルサンド ……… 147、164

■ ひき肉
- ハンバーグ ……… 20
- ミートボール 甘酢あん ……… 23
- 三色そぼろ ……… 38
- 照り焼き豆腐つくね ……… 40
- チリコンカン ……… 43
- 麻婆風ひき肉そぼろ ……… 49、52、54、55
- 青じそつくね ……… 86、169
- ひき肉団子ケチャップ炒め ……… 86
- れんこんはさみ焼き ……… 87
- じゃがいものそぼろ煮 ……… 87
- 玉ねぎ麺つゆ炒め ……… 90、125
- ひき肉カレー ……… 141
- キャベツロール ……… 141
- ガパオ風炒めごはん ……… 144、155

■ ベーコン・ハム・ソーセージ
- かぼちゃサラダ ……… 20、132
- 豆のマリネ ……… 25、89、133
- キャベツパスタサラダ ……… 32、119
- エリンギとベーコンのバルサミコ炒め ……… 32、123
- 青菜のオイスターソース炒め ……… 33、114
- スペイン風オムレツ ……… 39
- じゃがいもとソーセージのオイスターソース炒め ……… 42、125
- キャベツココット ……… 43、119
- レンズ豆スープ ……… 106
- トマトペンネ ……… 108
- チーズリゾット ……… 109
- ごぼうの黒酢煮 ……… 129
- 玉ねぎベーコン巻き ……… 138
- ナポリタン ……… 146、160
- ザーサイ&ハムおにぎり ……… 152
- セロリ炒めごはん ……… 154
- カレー炒めごはん ……… 155
- 冷やし中華 ……… 161
- ハムきゅうりチーズサンド ……… 162
- BLTサンド ……… 165

■ コンビーフ・パストラミ
- コンビーフサンド ……… 163
- バゲットサンド ……… 164

魚介類・海藻類・魚加工品

■ いか
- タンドリーシーフード ……… 89、97
- いかと大根の煮物 ……… 96

■ えび・桜えび・干しえび
- カリフラワーの桜えびあえ ……… 24、131
- えびフライ ……… 28、166
- えびチリ ……… 33
- 桜えびの卵焼き ……… 36、167
- いんげんとえびのサラダ ……… 41、132
- えびオイル漬け ……… 59
- タンドリーシーフード ……… 89、97
- えびとコーンのよせ揚げ ……… 97、169
- 春雨スープ ……… 107
- 中華粥 ……… 109
- 焼きそば ……… 145、158
- 桜えび+青のりふりかけ ……… 156

■ オイルサーディン
- ブロッコリーとオイルサーディンの炒め物 ……… 43、112

■ カニ缶
- カニ玉 ……… 42

■ カニ風味かまぼこ
- カニかま卵焼き ……… 27、101、169
- キャベツ春雨サラダ ……… 29、118
- 切り干し大根サラダ ……… 34、130
- 冷やし中華 ……… 161

■ かつお節
- たけのこおかか炒め ……… 27、125
- 手綱こんにゃく ……… 30、126
- かぶの土佐酢漬け ……… 31、135
- 青菜のおひたし ……… 35、115
- ヤングコーンのおかかバター ……… 139
- おかかわさびおにぎり ……… 153
- かつお節&チーズおにぎり ……… 153
- 桜えび+青のりふりかけ ……… 156
- かつお節のしっとりふりかけ ……… 157

■ 昆布・塩昆布・とろろ昆布
- カリフラワーの甘酢漬け ……… 33、137、169
- きゅうりの塩昆布あえ ……… 34、120
- えのきと刻み昆布のポン酢しょうが ……… 40、130
- じゃがいもの塩昆布あえ ……… 62
- 鶏の梅煮 ……… 78
- きゅうりと香味野菜漬け ……… 93、137
- 塩昆布+ごまおにぎり ……… 151
- じゃこ&とろろ昆布おにぎり ……… 152
- 塩昆布焼きそば ……… 158

■ 鮭・スモークサーモン・鮭フレーク
じゃがいもと鮭のグラタン ……… 3、105
鮭の南蛮漬け ……………………… 30
鮭のみそ漬け ……………………… 35
青菜とサーモンのソテー ……… 43、114
鮭のカレー揚げ ……… 49、51、53、55
鮭のザンギ ……………………… 72、95
鮭＆コーンおにぎり ………… 153、167

■ さば
さばの竜田揚げ …………………… 31
さばそぼろ ………… 59、61、64、65
さばのカレー焼き ………………… 94

■ さわら
さわらの西京焼き ………………… 34

■ しらす・じゃこ
キャベツのしらすあえ ………… 21、118
しし唐のじゃこ炒め …………… 26、124
アスパラガスのじゃこ炒め …… 40、116
切り干し大根の煮物 …………… 72、126
じゃこ＆とろろ昆布おにぎり ……… 152
大根の葉とじゃこふりかけ ……… 157

■ 鯛
エスカベージュ …………………… 2、94

■ たこ
たこじゃがバジル ………………… 96

■ たら
たらの梅照り焼き ………………… 95

■ たらこ・明太子
にんじんの明太子炒め ……… 3、19、124
めんたい卵焼き ……………… 72、100
ささみの明太子チーズロール ……… 141
焼きたらこおにぎり ……………… 152
高菜＆たらこおにぎり ………… 153、167
明太子炒めごはん ………………… 154

■ ちくわ・さつま揚げ
うの花 ……………………… 35、92、102
青菜のわさびマヨあえ ………… 35、115
ちくわチーズ焼き ……………… 69、104
オクラちくわ ……………………… 139
塩昆布焼きそば …………………… 158
焼きカレーうどん ………………… 159

■ ツナ缶
ツナサラダ ……………………… 69、119
ツナねぎ卵焼き …………………… 101
いんげんツナ煮 …………………… 127
ツナみそマヨおにぎり …………… 151
ツナきのこパスタ ………………… 160
ツナサンド クミン風味 ………… 163

■ 煮干し
煮干し＋刻みのりふりかけ ……… 156

■ ひじき
ひじきとパプリカのピクルス … 26、88、137
ひじき煮 ……………… 43、91、126

■ ぶり
ぶりの照り焼き …………………… 34

■ ほたて
ほたてバター ……………………… 35

■ めかじき
めかじきステーキ ………………… 32

■ 焼きのり・刻みのり・青のり・のり佃煮
和風ポテトサラダ …………… 21、70、130
卵と鮭の混ぜ寿司風 ……………… 55
アスパラガスのり佃煮あえ …… 92、117
のりクルクル卵 …………………… 100
ささみチーズの磯辺揚げ ………… 104
じゃがいもときのこのマヨチーズ …… 139
ツナみそマヨおにぎり …………… 151
焼きたらこおにぎり ……………… 152
おかかわさびおにぎり …………… 153
明太子炒めごはん ………………… 154
桜えび＋青のりふりかけ ………… 156
煮干し＋刻みのりふりかけ ……… 156
ごぼうチップス＋青のりふりかけ …26、156
そうめん …………………………… 161
のりチーズわさびのロールサンド …… 165

■ わかめ
キャベツ春雨サラダ …………… 29、118
きゅうりのしょうがあえ ……… 34、121
卵みそ汁 …………………………… 107
梅わかめおにぎり …………… 151、169
わかめ＋ゆかりふりかけ ……… 27、157
冷やし中華 ………………………… 161

野　菜

■ 青じそ
青じそつくね …………………… 86、169
きゅうりと香味野菜漬け ……… 93、137
ささみの明太子チーズロール ……… 141
青じそ＋ごま塩おにぎり ……… 151、169
そうめん …………………………… 161

■ 青菜（小松菜・ほうれん草）
塩ゆで青菜 ………………………… 114

■ オクラ
オクラ梅の豚肉巻き …………… 81、93
オクラちくわ ……………………… 139

■ かいわれ大根
明太子炒めごはん ………………… 154

■ かぶ
かぶの土佐酢漬け ……………… 31、135

■ かぼちゃ
かぼちゃサラダ ………………… 20、132
かぼちゃの煮物 ………………… 22、127
かぼちゃの揚げ漬け …………… 41、134
かぼちゃスープ …………………… 108

■ カリフラワー
カリフラワーの桜えびあえ …… 24、131
カリフラワーの甘酢漬け
　………………… 33、137、146、169

■ 絹さや
肉じゃが …………………………… 26
うの花 ……………………… 35、92、102
三色そぼろ ………………………… 38
五目豆 ……………………………… 42
梅焼きうどん ……………………… 159

■ キャベツ
キャベツマリネ ……… 50、52、53、55
トマトペンネ ……………………… 108
塩もみキャベツ …………………… 118
キャベツロール …………………… 141
焼きそば ………………………… 145、158
コンビーフサンド ………………… 163

■ きゅうり
蛇腹きゅうりのピリ辛漬け …… 24、135
きゅうりと香味野菜漬け ……… 93、137
塩もみきゅうり …………………… 120
冷やし中華 ………………………… 161
ハムきゅうりチーズサンド ……… 162

■ グリーンアスパラガス
アスパラガスの豚肉巻き ……… 27、166
スペイン風オムレツ ……………… 39
アスパラガスの揚げ漬け … 50、52、54、55
塩ゆでグリーンアスパラガス …… 116

■ コーン・ヤングコーン
キャベツパスタサラダ ………… 32、119
えびとコーンのよせ揚げ ……… 97、169
ヤングコーンのおかかバター …… 139
鮭＆コーンおにぎり …………… 153、167
カレー炒めごはん ………………… 155

■ ごぼう
ごぼうの山椒漬け ……………… 38、135
五目豆 ……………………………… 42
きんぴらごぼう …………………… 122
ごぼうの黒酢煮 …………………… 129
ごぼうチップス＋青のりふりかけ … 26、156

■ 小松菜
小松菜のオイル蒸し ……… 50、51、52、54
塩昆布焼きそば …………………… 158

■ さやいんげん
高野豆腐の煮物 ………………… 31、128
切り干し大根サラダ …………… 34、130

いんげんとえびのサラダ……41、132	レンズ豆スープ………………106	チリコンカン…………………43
ひじき煮………………43、91、126	セロリのきんぴら……………122	チキントマト煮………………77
塩ゆでいんげん………60、61、62、65	肉巻きセロリ…………………140	トマトペンネ…………………108
チキンロール…………………76	セロリ炒めごはん……………154	BLTサンド…………………165
豚みそ煮………………………83、169	ツナサンド クミン風味……163	■ 長ねぎ・万能ねぎ
いんげんツナ煮………………127	■ 大根・切り干し大根	牛すき焼き……………………24
■ しし唐辛子	切り干し大根サラダ…………34、130	えびチリ………………………33
しし唐のじゃこ炒め…………26、124	切り干し大根の煮物…………72、126	焼き長ねぎのマリネ…………35、133
鶏のコチュジャン炒め………70、76	牛肉と大根のわさび煮………85、91	照り焼き豆腐つくね…………40
たらの梅照り焼き……………95	大根の煮物……………………93、127	カニ玉…………………………42
■ しょうが	いかと大根の煮物……………96	麻婆風ひき肉そぼろ…49、52、54、55
鶏のから揚げ…………………18、166	大根の葉とじゃこふりかけ…157	チャーシュー…………………71、82
豚のしょうが焼き……………21	■ たけのこ	豚みそ煮………………………83、169
蛇腹きゅうりのぴり辛漬け…24、135	たけのこおかか炒め…………27、125	中華風南蛮漬け………………83
なすの揚げ漬け………………26、134	■ 玉ねぎ	青じそつくね…………………86、169
さばの竜田揚げ………………31	エスカベージュ………………2、94	れんこんはさみ焼き…………87
えびチリ………………………33	ハンバーグ……………………20	ツナねぎ卵焼き………………101
ぶりの照り焼き………………34	かぼちゃサラダ………………20、132	卵みそ汁………………………107
きゅうりのしょうがあえ……34、121	ミートボール 甘酢あん……23	鶏雑炊…………………………109
里いものしょうがみそ煮……35、128	マカロニグラタン……………25	キャベツロール………………141
照り焼き豆腐つくね…………40	豆のマリネ……………………25、89、133	揚げ玉おにぎり………………152
えのきと刻み昆布のポン酢しょうが	肉じゃが………………………26	ザーサイ&ハムおにぎり……152
………………………………40、130	ポークソテー…………………27	塩昆布焼きそば………………158
かぼちゃの揚げ漬け…………41、134	鮭の南蛮漬け…………………30	焼きカレーうどん……………159
麻婆風ひき肉そぼろ…………49	ポークビーンズ………………41	そうめん………………………161
さばそぼろ……………59、61、64、65	いんげんとえびのサラダ……41、132	■ なす
チャーシュー…………………71、82	チリコンカン…………………43	なすの揚げ漬け………………26、134
鮭のザンギ……………………72、95	プルコギ風野菜炒め…………68、84	なすのバルサミコマリネ……39、133
鶏の梅煮………………………78	チキントマト煮………………77	■ にら
マーマレード照り焼き………80	鶏のマスタード煮……………78	桜えびの卵焼き………………36、167
豚みそ煮………………………83、169	ポークチャップ………………82	プルコギ風野菜炒め…………68、84
中華風南蛮漬け………………83	ひき肉団子ケチャップ炒め…86	にらと豆苗のごまマヨあえ…72、131
牛肉と大根のわさび煮………85、91	玉ねぎ麺つゆ炒め……………90、125	春雨スープ……………………107
肉巻きれんこん………………85	トマトペンネ…………………108	■ にんじん
青じそつくね…………………86、169	チーズリゾット………………109	にんじんの明太子炒め………3、19、124
じゃがいものそぼろ煮………87	玉ねぎベーコン巻き…………138	にんじんのみそ漬け…………30、69、136
タンドリーシーフード………89、97	ガパオ風炒めごはん…………144、155	高野豆腐の煮物………………31、128
肉巻きゆで卵…………………90、99	焼きそば………………………145、158	うの花…………………………35、92、102
きのことささみのしょうがみそあえ	ナポリタン……………………146、160	ひじき煮………………………43、91、126
………………………………92、132	マリネチキンのベーグルサンド…147、164	五目豆…………………………42
きゅうりと香味野菜漬け……93、137	カレー炒めごはん……………155	にんじんラペ クミン風味
いかと大根の煮物……………96	梅焼きうどん…………………159	………………………50、51、53、54
豚薄切り肉で角煮風…………140	ツナきのこパスタ……………160	プルコギ風野菜炒め…………68、84
キャベツロール………………141	バゲットサンド………………164	切り干し大根の煮物…………72、126
大根の葉とじゃこふりかけ…157	■ チンゲン菜	レンズ豆スープ………………106
■ ズッキーニ	パプリカのオイスターソースあえ	■ にんにく
ズッキーニのピクルス…3、20、89、136	………………………22、37、73、131	ズッキーニのピクルス…3、20、89、136
ナポリタン……………………146、160	■ 豆苗	なすの揚げ漬け………………26、134
■ セロリ	にらと豆苗のごまマヨあえ…72、131	めかじきステーキ……………32
エスカベージュ………………2、94	■ トマト・トマト水煮缶・トマトジュース	プルコギ風野菜炒め…………68、84
セロリのレモン漬け…………27、136、166	ポークビーンズ………………41	きのこの揚げ漬け……………68、134

チャーシュー 71、82	きのことささみのしょうがみそあえ 92、132	じゃがいもときのこのマヨチーズ 139
鮭のザンギ 72、95	■ エリンギ	■ 長いも
豚みそ煮 83、169	牛肉のバルサミコ炒め 2、84	長いもの梅煮 90、129
タンドリーシーフード 89、97	エリンギとベーコンのバルサミコ炒め 32、123	■ 春雨
もやしナムル 138		キャベツ春雨サラダ 29、118
■ 白菜	きのこ佃煮 60、61、63、64	春雨スープ 107
鶏雑炊 109	ツナきのこパスタ 160	
白菜のごまポン酢 138	■ きくらげ	卵 類
■ バジル・バジルペースト	中華粥 109	■ 卵・うずらの卵
たこじゃがバジル 96	■ しいたけ	みそマヨ卵 3、98
ガパオ風炒めごはん 144、155	うの花 35、92、102	ブロッコリーと卵のサラダ 3、23、113
■ ピーマン・パプリカ	五目豆 42	ハンバーグ 20
エスカベージュ 2、94	きのこ佃煮 60、61、63、64	タルタルソース 22、28
パプリカのオイスターソースあえ 22、37、73、131	きのこの揚げ漬け 68、134	カニかま卵焼き 27、101、169
ひじきとパプリカのピクルス 26、88、137	切り干し大根の煮物 72、126	えびフライ 28、166
鮭の南蛮漬け 30	きのことささみのしょうがみそあえ 92、132	青菜の卵あえ 34、115
スペイン風オムレツ 39	中華粥 109	山椒卵 35、98
パプリカのマリネ 60、63、64、65	■ しめじ	桜えびの卵焼き 36、167
鶏のスイートチリソース煮 79	牛すき焼き 24	三色そぼろ 38
ひき肉団子ケチャップ炒め 86	きのこ佃煮 60、61、63、64	スペイン風オムレツ 39
ガパオ風炒めごはん 144、155	きのこの揚げ漬け 68、134	カニ玉 42
ナポリタン 146、160	ポークチャップ 82	卵巾着 43
カレー炒めごはん 155	ひき肉団子ケチャップ炒め 86	キャベツココット 43、119
焼きカレーうどん 159	チーズリゾット 109	卵ピクルス 49、53、54、55
■ ブロッコリー	じゃがいもときのこのマヨチーズ 139	えびといんげんの炒めごはん 62
ブロッコリーナムル風 60、62、64、65	塩昆布焼きそば 158	めんたい卵焼き 72、100
塩ゆでブロッコリー 112	ツナきのこパスタ 160	ひき肉団子ケチャップ炒め 86
■ みょうが	■ マッシュルーム	肉巻きゆで卵 90、99
きゅうりと香味野菜漬け 93、137	マカロニグラタン 25	えびとコーンのよせ揚げ 97、169
■ もやし		漬け卵 99
春雨スープ 107	いも・でんぷん類	のりクルクル卵 100
もやしナムル 138	■ さつまいも	ツナねぎ卵焼き 101
■ レタス・グリーンカール	さつまいものバターレモンきんぴら 27、123	チーズロールカツ 105
マリネチキンのベーグルサンド 147、164	■ 里いも	卵みそ汁 107
バゲットサンド 164	里いものしょうがみそ煮 35、128	鶏雑炊 109
BLTサンド 165	里いものみそ炒め 42、124	レンジ卵焼き 140
■ れんこん	■ じゃがいも	ガパオ風炒めごはん 144、155
れんこんカレーきんぴら 23、71、122	じゃがいもと鮭のグラタン 3、105	セロリ炒めごはん 154
れんこんのゆずしょう煮 73、129	和風ポテトサラダ 21、70、130	焼きカレーうどん 159
肉巻きれんこん 85	肉じゃが 26	冷やし中華 161
れんこんはさみ焼き 87	じゃがいもの煮っころがし 29、128	卵サンド 162
きのこ類	じゃがいもとソーセージのオイスターソース炒め 42、125	こんにゃく・しらたき類
■ えのきだけ	じゃがいも塩煮 60、61、62、63	■ こんにゃく
えのきと刻み昆布のポン酢しょうが 40、130	じゃがいものそぼろ煮 87	手綱こんにゃく 30、126
きのこ佃煮 60、61、63、64	たこじゃがバジル 96	■ しらたき
	レンズ豆スープ 106	肉じゃが 26
		しらたききんぴら 88、123

乳製品

■ 牛乳
マカロニグラタン ……………………… 25
えびフライ ……………………… 28、166
かぼちゃスープ ……………………… 108

■ チーズ・クリームチーズ
じゃがいもと鮭のグラタン ………… 3、105
マカロニグラタン ……………………… 25
山椒卵 ……………………… 35、98
ちくわチーズ焼き ……………… 69、104
めんたい卵焼き ……………… 72、100
ツナねぎ卵焼き ……………………… 101
ささみチーズの磯辺揚げ ……………… 104
チーズロールカツ ……………………… 105
チーズリゾット ……………………… 109
ささみの明太子チーズロール ………… 141
じゃがいもときのこのマヨチーズ … 139
かつお節＆チーズおにぎり ………… 153
ハムきゅうりチーズサンド ………… 162
マリネチキンのベーグルサンド … 147、164
バゲットサンド ……………………… 164
のりチーズわさびのロールサンド … 165

■ 生クリーム
マカロニグラタン ……………………… 25

■ ホワイトソース
じゃがいもと鮭のグラタン ………… 3、105

■ ヨーグルト
タンドリーシーフード ………… 89、97

豆類・大豆加工品

■ 油揚げ・厚揚げ
青菜と油揚げのあえ物 ………… 38、115
卵巾着 ……………………………… 43
厚揚げの肉巻き ……………… 73、102
大根の煮物 ……………………… 93、127
厚揚げのごまみそ煮 ………………… 103

■ おから
うの花 ……………………… 35、92、102

■ キドニービーンズ
チリコンカン ………………………… 43

■ 金時豆
金時豆の甘煮 ……………… 34、103

■ 高野豆腐
高野豆腐の煮物 ……………… 31、128

■ 大豆
ポークビーンズ ……………………… 41
ひじき煮 ……………………… 43、91、126
五目豆 ………………………………… 42

■ 豆腐
照り焼き豆腐つくね ………………… 40

■ ミックスビーンズ
豆のマリネ ……………… 25、89、133
ひき肉カレー ………………………… 141

■ レンズ豆
レンズ豆スープ ……………………… 106

果実類・果実加工品

■ レモン
ハニーナンプラーレモン ………… 2、79
エスカベージュ ……………………… 2、94
セロリのレモン漬け ……… 27、136、166
アスパラガスのハーブマリネ … 27、117
さつまいものバターレモンきんぴら
……………………………… 27、123
焼き長ねぎのマリネ ………… 35、133
いんげんとえびのサラダ ……… 41、132
にんじんラペ クミン風味 … 50、51、53、54
パプリカのマリネ ……… 60、63、64、65
ツナサラダ ……………………… 69、119

種実類

■ くるみ
ブロッコリーくるみあえ … 42、91、113

■ ごま
ブロッコリーのごま酢しょうゆあえ
……………………………… 19、113
和風ポテトサラダ ……… 21、70、130
さつまいものバターレモンきんぴら
……………………………… 27、123
キャベツ春雨サラダ ……… 29、118
きゅうりの塩昆布あえ ……… 34、120
青菜のおひたし ……………… 35、115
きゅうりコチュジャンサラダ … 42、121
卵と鮭の混ぜ寿司風 ………………… 55
ブロッコリーのナムル ……… 70、113
アスパラガスごまあえ ……………… 116
にらと豆苗のごまマヨあえ … 72、131
中華風南蛮漬け ……………………… 83
厚揚げのごまみそ煮 ………………… 103
きんぴらごぼう ……………………… 122
セロリのきんぴら ……………………… 122
白菜のごまポン酢 …………………… 138
塩昆布＋ごまおにぎり ……………… 151
青じそ＋ごま塩おにぎり ……… 151、169
ザーサイ＆ハムおにぎり …………… 152
桜えび＋青のりふりかけ …………… 156
煮干し＋刻みのりふりかけ ………… 156
ごぼうチップス＋青のりふりかけ … 26、156
わかめ＋ゆかりふりかけ ……… 27、157
そうめん ……………………………… 161

主食類

■ うどん
焼きカレーうどん …………………… 159
梅焼きうどん ………………………… 159

■ ごはん
ビビンバ風2色ごはん ……………… 52
卵と鮭の混ぜ寿司風 ………………… 55
えびといんげんの炒めごはん ……… 62
さばそぼろときのこ佃煮のおにぎり … 64
チーズリゾット ……………………… 109
中華粥 ………………………………… 109
鶏雑炊 ………………………………… 109
ガパオ風炒めごはん ……… 144、155
ツナみそマヨおにぎり ……………… 151
青じそ＋ごま塩おにぎり ……… 151、169
塩昆布＋ごまおにぎり ……………… 151
梅わかめおにぎり ……………… 151、169
焼きたらこおにぎり ………………… 152
じゃこ＆とろろ昆布おにぎり ……… 152
ザーサイ＆ハムおにぎり …………… 152
揚げ玉おにぎり ……………………… 152
鮭＆コーンおにぎり ……… 153、167
かつお節＆チーズおにぎり ………… 153
おかかわさびおにぎり ……………… 153
高菜＆たらこおにぎり …… 153、167
明太子炒めごはん …………………… 154
セロリ炒めごはん …………………… 154
カレー炒めごはん …………………… 155

■ スパゲッティ・ペンネ
キャベツパスタサラダ ……… 32、119
トマトペンネ ………………………… 108
ナポリタン ……………………… 146、160
ツナきのこパスタ …………………… 160

■ そうめん
そうめん ……………………………… 161

■ 中華麺・蒸し中華麺
焼きそば ……………………… 145、158
塩昆布焼きそば ……………………… 158
冷やし中華 …………………………… 161

■ パン・ベーグル
マリネチキンのベーグルサンド … 147、164
卵サンド ……………………………… 162
ハムきゅうりチーズサンド ………… 162
ツナサンド クミン風味 …………… 163
コンビーフサンド …………………… 163
バゲットサンド ……………………… 164

BLTサンド ……………………… 165
のりチーズわさびのロールサンド … 165

漬け物類

■ 梅干し・ゆかり
きゅうりの梅あえ ……………… 26、121
鶏の梅煮 ………………………………… 78
オクラ梅の豚肉巻き …………… 81、93
長いもの梅煮 …………………… 90、129
たらの梅照り焼き ……………………… 95
梅わかめおにぎり …………… 151、169
わかめ＋ゆかりふりかけ ……… 27、157
梅焼きうどん ………………………… 159

■ 市販のピクルス
タルタルソース ………………… 22、28

■ 高菜
高菜＆たらこおにぎり ……… 153、167

■ 紅しょうが
揚げ玉おにぎり ……………………… 152

香辛料・ハーブ類

■ 赤唐辛子
チキン南蛮 ……………………………… 22
ミートボール 甘酢あん ………………… 23
蛇腹きゅうりのぴり辛漬け …… 24、135
ひじきとパプリカのピクルス
　　　　　　　　　　　　26、88、137
セロリのレモン漬け ……… 27、136、166
鮭の南蛮漬け …………………………… 30
カリフラワーの甘酢漬け … 33、137、169
かぼちゃの揚げ漬け …………… 41、134
麻婆風ひき肉そぼろ ……… 49、52、54、55
アスパラガスの揚げ漬け
　　　　　　　　　　　　50、52、54、55
小松菜のオイル蒸し ……… 50、51、52、54
きのこの揚げ漬け ……………… 68、134
中華風南蛮漬け ………………………… 83
じゃがいものそぼろ煮 ………………… 87
しらたききんぴら ……………… 88、123
きゅうりと香味野菜漬け ……… 93、137
春雨スープ …………………………… 107
きんぴらごぼう ……………………… 122
セロリのきんぴら …………………… 122
ガパオ風炒めごはん ………… 144、155

■ ディル
豆のマリネ ………………… 25、89、133

■ ローリエ
ズッキーニのピクルス ……… 3、20、89、136
ポークビーンズ ………………………… 41

卵ピクルス …………………… 49、53、54、55
鶏ハム …………………………………… 59
チキントマト煮 ………………………… 77
鶏のマスタード煮 ……………………… 78

アレンジ

■ アスパラガス揚げ漬け
アスパラガスのそぼろあえ …………… 54
アスパラガスの揚げ漬けのごまマヨあえ … 55

■ えびオイル漬け
えびといんげんの炒めごはん ………… 62
えびブロッコリー炒め ………………… 64
えびとパプリカあえ …………………… 65

■ きのこ佃煮
じゃがいもときのこのあえ物 ………… 63
さばそぼろときのこ佃煮のおにぎり … 64

■ キャベツマリネ
コールスローサラダ …………………… 52
キャベツとにんじんのサラダ ………… 53
キャベツとそぼろのあえ物 …………… 55

■ 小松菜のオイル蒸し
ビビンバ風2色ごはん ………………… 52
にんじんと小松菜のあえ物風 ………… 54

■ 鮭のカレー揚げ
鮭のカレー揚げ 卵ピクルスのタルタル … 53
卵と鮭の混ぜ寿司風 …………………… 55

■ さばそぼろ
さばそぼろときのこ佃煮のおにぎり … 64
いんげんとさばのあえ物 ……………… 65

■ 塩もみキャベツ
キャベツのしらすあえ ………… 21、118
キャベツ春雨サラダ …………… 29、118
キャベツパスタサラダ ………… 32、119
キャベツ肉巻き ………………… 37、119
キャベツココット …………… 43、119、147
ツナサラダ ……………………… 69、119

■ 塩もみきゅうり
きゅうりの梅あえ ……………… 26、121
きゅうりのしょうがあえ ……… 34、121
きゅうりの塩昆布あえ ………… 34、120
きゅうりコチュジャンサラダ … 42、121
きゅうりの山椒あえ …………… 68、120
きゅうりの中華風あえ ………………… 121

■ 塩ゆで青菜
青菜のオイスターソース炒め … 33、114
青菜の卵あえ …………………… 34、115
青菜のおひたし ………………… 35、115
青菜のわさびマヨあえ ………… 35、115
青菜と油揚げのあえ物 ………… 38、115
青菜とサーモンのソテー ……… 43、114

■ 塩ゆでグリーンアスパラガス
アスパラガスのクミンバター炒め … 25、117
アスパラガスのハーブマリネ … 27、117
アスパラガスのじゃこ炒め …… 40、116
アスパラガスのピリ辛みそ炒め
　　　　　　　　　　　　71、117、169
アスパラガスのり佃煮あえ …… 92、117
アスパラガスごまあえ ………………… 116

■ 塩ゆでいんげん
えびといんげんの炒めごはん ………… 62
いんげんとさばのあえ物 ……………… 65

■ 塩ゆでブロッコリー
ブロッコリーと卵のサラダ … 3、23、113
ブロッコリーのごま酢しょうゆあえ
　　　　　　　　　　　　　　19、113
ブロッコリーカレーマヨ焼き
　　　　　　　　　　39、112、146、167
ブロッコリーくるみあえ …… 42、91、113
ブロッコリーとオイルサーディンの炒め物
　　　　　　　　　　　　　　43、112
ブロッコリーのナムル ………… 70、113

■ じゃがいも塩煮
じゃがいもの塩昆布あえ ……………… 62
じゃがいもときのこのあえ物 ………… 63

■ 卵ピクルス
鮭のカレー揚げ 卵ピクルスのタルタル … 53
卵と鮭の混ぜ寿司風 …………………… 55

■ 鶏ハム
鶏ハムの梅だれ ………………………… 63
パプリカのマリネと鶏ハムのあえ物 … 64
鶏ハムとブロッコリーの甘酢あん …… 65

■ にんじんラペ クミン風味
キャベツとにんじんのサラダ ………… 53
にんじんと小松菜のあえ物風 ………… 54

■ パプリカのマリネ
パプリカのマリネと鶏ハムのあえ物 … 64
えびとパプリカあえ …………………… 65

■ ブロッコリーナムル風
えびブロッコリー炒め ………………… 64
鶏ハムとブロッコリーの甘酢あん …… 65

■ 麻婆風ひき肉そぼろ
ビビンバ風2色ごはん ………………… 52
アスパラガスのそぼろあえ …………… 54
キャベツとそぼろのあえ物 …………… 55

Profile

牛尾理恵（うしおりえ）

料理研究家、栄養士。料理研究家に師事した後、料理専門制作会社を経て独立。ふだんの食生活で実践できる、作りやすく、味わい深いレシピに定評がある。『圧力鍋でつくるおかずの感動レシピ』（成美堂出版）、『野菜がおいしいタジン鍋』（池田書店）、『喜ばれるおせち料理とごちそうレシピ』（朝日新聞出版）など著書多数。

Staff

撮影　田中宏幸
デザイン　羽田野朋子
スタイリング　ダンノマリコ
編集・構成・文　丸山みき（SORA企画）
編集アシスタント　根津礼美／大森奈津（SORA企画）
イラスト　シュクヤフミコ
企画・編集　朝日新聞出版編集部（森 香織）

作りおきで朝ラク！きほんのお弁当

監　修　牛尾理恵
発行者　今田 俊
発行所　朝日新聞出版
　　　　〒104-8011　東京都中央区築地5-3-2
　　　　電話（03）5541-8996（編集）　（03）5540-7793（販売）
印刷所　大日本印刷株式会社

©2015 Asahi Shimbun Publications Inc.
Published in Japan by Asahi Shimbun Publications Inc.
ISBN　978-4-02-333020-7

定価はカバーに表示してあります。
落丁・乱丁の場合は弊社業務部（電話03-5540-7800）へご連絡ください。
送料弊社負担にてお取り替えいたします。

本書および本書の付属物を無断で複写、複製（コピー）、引用することは
著作権法上での例外を除き禁じられています。また代行業者等の第三者に依頼して
スキャンやデジタル化することは、たとえ個人や家庭内の利用であっても一切認められておりません。